笑い／その異常と正常

志水　彰
Shimizu Akira

勁草書房

はじめに

笑いは日常ありふれた行為である。私たちは毎朝出勤すると「おはよう」とニッコリし、大きな取引が成功したと喜んで笑い、お昼休みのランチがおいしかったとほほえむ。午後には客の厳しい苦情の電話が終わるとホッとして笑みを浮かべ、退社後は酒を飲んで上司の失敗を嗤《わら》う。

こう見てくると私たちは毎日の生活でいろいろな笑いを何回も笑っていることがわかる。ところが笑いについては意外によくわかっていないことが多い。

たとえば、私たちは一日何回位笑うかという簡単な質問にも明快な答えはない。それは笑いの数はその日に誰と会うか、何をするかなどさまざまな複雑で不確定な要因で左右されるからであり、またその人の気分や性格にも左右されるからである。そしてなんといっても笑いという行為が、自然科学的に研究されていないということが、笑いのいろいろな側面が未知のままになっている主な原因である。

筆者は精神医学を専攻しているが、精神疾患たとえばうつ病の診療にあたって、表情は言葉と同じぐらい重要な情報の源であり、その中でも笑いはその人の精神状態を知る上で特に大切である。

しかし笑いを診察の場での印象で評価するだけでは二つの問題が残る。一つはその評価が自分の主観的判断にとどまること、もう一つはその場で自分に相対した時の笑いしか観察できないことである。

そこでなんとか笑いを客観的に記録し、数量化して自然科学的アプローチの対象とできないか、また長時間にわたり、笑いを記録してその間のその人の精神状態を知る手がかりができないかと模索してきた。

本書は笑いという複雑な現象が、どこまでどんな方法で解明されており、どこから先はわかっていないかということを知ってもらいたいという目的で書かれた。

まずさまざまな笑いの成り立ちや、発達、脳内の笑いの中枢、顔を中心とするその表出、さらに笑いの起こる心的メカニズムなどにつき、今までに出されている意見を整理し、できるだけわかりやすい形で示した。

つぎに筆者らの研究成果をふまえて、笑いの客観的記録とその数量化の一端を示し、それをもちいて明らかとなった精神疾患や、神経疾患などで起こる笑いの量的、質的な変化を紹介した。たとえばうつ病の人の笑いを長時間記録し、その数の消長から抑うつ症状を客観的に推察する方法を示した。

さらに文化による差、笑いの健康への効果などをできるだけデータに基づいてまとめてみた。

本書を出版するにあたって、長年にわたって研究をともにしてきた角辻豊氏をはじめとする大阪大学大学院医学系研究科・神経機能医学講座・精神医学（旧大阪大学医学部精神科）教室の精神生理グループの皆さんのご協力に深い感謝の意を表すとともに、この本が一つのきっかけとなって、さらに笑いへの関心が深まることを切に望みたい。

二〇〇〇年　初夏

著者しるす

目次

第一章　人間と動物の笑い――笑いの発達――

地球上でいちばん苦しんでいる動物が笑いを発明した
――ニーチェ――

笑いとは何か、どのようにして発生したのか、どんな役割を果たしているのかなど、笑いについての基本的な疑問について考える場合の有力な方法の一つは、系統発生や個体発生からみたその発達、つまり進化のどの段階で笑いが生まれたか、人間では成長につれて笑いがどのように変わるかについて調べることである。まずこれらについて述べたい。

I　動物の笑い――笑いの系統発生――

動物の進化のどの段階から笑いが起こり、どのように変化してきたかについての資料はあまり多くない。そしてその資料は、サル以前の動物では文学作品や動物画家の絵、動物園吏の記録および生物学者の観察などに求められる。

1　霊長類までの動物の笑い

最も記載の多いのは犬についてである。いくつかの文献があるが、わが国の犬の行動研究家である平岩米吉による『犬の行動と心理』が最もくわしい。ここでは、その一部を引用しながら記すこととする。

犬の笑いについての最初の記録は、一八世紀のイギリスの詩人サマーヴィルによるものである。サマーヴィルはその著『狩猟』の中で

甘える犬は媚びるように歯をあらわし
主人の前に身をかがめる。
その鼻は上にむけて引きゆがめられ
その大きな黒い目は、優しい媚びと、つつましい喜びに溶ける。

とうたっている。

一九世紀の解剖学者のチャールス・ベルは、「表情の解剖」の中で「犬が愛好を表現するには、はねまわりながら少し唇をそらせて歯をあらわし、鼻息を荒くして、まるで笑っているかのようである」と述べているし、チャールス・ダーウィンもまたスピッツとシープドックの観察の結果、その名著『人および動物の表情について』（一八七二年）の中で「犬が笑うときはちょうど怒るときのよ

うに上唇を引きあげて牙をあらわし、耳を後方に引く。しかしその体全体の様子は明らかに怒るときとは異なっている」と記している。

さらに動物画家のリヴィエア（一八四〇―一九二〇年）、外科医のウイルフレッド・グレンフェル（一八六五―一九四〇年）や動物園吏などによって犬の笑いが報告されている。リヴィエアはダーウィンと同時代の画家で、特に犬の表情を研究し、「完全な笑う表情を示す犬は稀だが、軽い程度ならたいがいの犬にみられる」とダーウィンに報告している。

グレンフェルの「そり犬プリン」の中の一節は以下のようである。

その時プリンが自分の責務の重大さを知っていたかどうか私は知らない。しかし先導綱の先で悠々と歩きまわりながら、彼が何度も私の方をふり返ってニヤリとしたのを覚えている。

またモスクワの動物園史チャップリーナの『動物園の養い子たち』（一九五五年）の中には、「クシカカ（牧用犬）が口を開いて笑うと、目がいくらか眇になって、さも愉快そうに見える」、「ヴアイガチは口を広く開けて歯をむき出して笑う」などの記載がある。

文学作品では、ロシアの作家アンドレエフ（一八七一―一九一九年）の「たった一人の友だち」という犬を描いた短編には、「犬は誰よりも嬉しそうだった。機嫌のよい、たった一人の友だちが帰ってくると、元気よく吠えたてた。犬は笑うことをひとりでに覚えた。上唇をあげて真白な歯をあらわし、鼻におかしな小じわをよせるのである」とあるし、アメリカのターヒュンの代表作『ラッド』（一九一九年）には、二、三カ所に犬の笑いが描かれている。

平岩米吉も、「犬の笑顔は鼻の上にしわをよせ、上唇をひきあげて歯をあらわし、鼻声をたてる特殊な表情であり、顔だけをみると怒るときの表情によく似ているが、笑うときは体を柔和にくねらせ、軽く尾を振り、毛並みは逆立てず、やさしい眼をしていて怒るときとは全く異なるので全身をみるとすぐ区別ができる」と述べている。そして平岩は自分の飼っている犬の観察から、朝初めて犬と顔をあわせるとき、外出から帰ったときなど「うれしい時」の他、叱ったときなど「こわい時」にも笑うことを認め、それはご機嫌とりの笑いであると解釈している。しかしまた同じ犬が、おもちゃの鳥をこわがったのち「笑う」ことを観察し、この「こわい時」の笑いは照れくさいからかも知れぬとも考えている。

筆者の友人の愛犬家にも「我が家の犬は笑う」という人があるが、その人が「今、笑っている」という表情をみてもそのようには思えず、愛犬家の犬に対する感情移入のためであるような感じがぬぐえない。まして同じ家族内で、父と娘がそれぞれ「私が帰ったときだけポチは笑う」というのを聞くと、よけいその感が強い。ためしにそれらの愛犬家のいう「笑っている犬の顔」を写真にとって二〇人の人に表情判断をしてもらったが、二〇人全員が「笑っているとはいえない」と答えた。そしてこの二〇人はいずれも犬が笑うことに疑問をもっていた。

このように見てくると犬を特にするどく観察する能力のある人か、特に愛情をもっている人が犬は笑うと感じているようであり、そうでない一般の人々は笑うと考えていないようである。

狐や狼についてもその笑いがロシアの狩猟家バイコフや、アラスカの狼とともに暮らしたクライスラー夫人などによって報告されている。クライスラー夫人は『北極の野獣』（一九五八年）の中でこう語っている。

「それは狼について初めて知った得難い知識であった。レディ（狼の名）はくるりと回転して駈けもどった。もどりながら彼女は世にも愛らしいしぐさをしてみせた。狼の微笑——私は今までそんなものがあることとさえ知らなかった。レディは全身で笑った。耳を毛の中に埋めるように後へひき、楽しげに前足を投げ出し、純粋な喜びを顔一面にみなぎらせて見上げた。——この日以来、狼の笑顔は私たちの生活の特色となり、私たちの心をなぐさめるものとなった」。

狐の笑いはシートンの『私の知る野生動物』（一八九八年）の中の一編「スプリングフィールドの狐」に描かれている。場面はスカーフェース（疵の顔）と呼ばれる老いた狡猾な雄狐が、自分を追跡してきた猟犬が、川の中で手掛かりとなる匂いを失って迷っているのを、上の方から見おろして面白がっている（?）ところである。

「犬が水のために、すっかり戸惑わされているのは、見るからに滑稽であった。彼（スカーフェース）はじっと坐っていられないで、体をゆすって喜んだ。そして、のろのろ歩いている犬をよく見るために後足で立ちあがった。ちっとも息をきらしていないのに、ほとんど耳のあたりまで口をあけて、しばらく声を立てて喘いだ。というよりは、犬が歯をむき出し、喘いで笑うように、さも嬉しそうに笑ったのである。」

馬については、上唇を上げて歯をあらわす特別な表情が馬の笑顔と呼ばれることがあるが、これは成熟した雄馬が異性の分泌物を嗅いだ場合のフレーメンと呼ばれる求愛行動の一部をさしている場合が多い。また同じ表情はアルコールなどの匂いをかいだときにも見られるが、いずれにしろ笑いとは異なるもののようである。

このようにみてくると犬や狼で「笑い」として記載されているものは、顔が主な表出の道具とはいえず、むしろ身体全体の身振りの一つとして位置づけられている。そしてその笑いはおおむねうれしい時の快の感情の表出としての「快の笑い」（第三章参照）である。

もしこれらの動物が快感情の表出として「笑って」いるとすると、笑いが哺乳類の中で犬や狼や狐にのみみられ、他の同じ程度進化した動物、たとえば猫や兎や羊などにみられないのは不思議な気がするし、特に犬にのみ多くみられるというのも不自然である。さらに次に述べるようにより進化した猿にこの「快の笑い」が完成した形ではみられないことを考えあわせるとさらにこの感が強い。

断定的にはいえないが、筆者には主として犬について記されている「笑い」の表情、特に顔面表情については犬の快感情の表現というより観察者がそうであろうと主観的に感情をこめて推察した結果にすぎないものであるように思われるし、他の動物についても笑うという確かな証拠があるとは思えない。

それでは、猿における笑いの研究はどのような成果をもたらしているであろうか？

2　霊長類の笑い

人間の笑いの種類については第三章で述べるが、人間の笑いが顔の表情の一つであり、主な役割がコミュニケーションの手段であることには異論がない。それはいかに楽しい場面のものであっても、顔の写っていない映像では「笑っている」とはいえないこと、一人でいてコミュニケーションの相手のないときの笑いは例外的であることだけを取り上げても明らかである。

さて人間以外の霊長類でもこのコミュニケーションの手段としての笑いが存在することは、サルやチンパンジーなどを用いた多くの研究から明らかとなっている。霊長類は情報のやりとりを主として視覚に頼り、そのため主な情報源を顔の表情に求めるようになった最初の動物である。それはこの段階で起こった三つの進化に基づいている。

第一は、視力の発達と顔の扁平化である。顔が扁平になり二つの眼がより前に並ぶように進化し、網膜から脳へ情報を伝える視神経が左右の脳へ平等に分布するようになった結果、完全な立体視が可能となり視覚により得られる情報の量が飛躍的に増大した。

第二は、顔が平らになり、あごが小さくなったことと関連して顔面表情筋が格段に発達したことである。しかしいかに視力がよくなり、表情筋が発達しても、顔が毛におおわれていては相手の表情筋の動きをよみとることはできない。

第三の重要な進化は、顔面の毛が失われたことであり、このため表情の動きがほかのサルからみられやすくなった。サルは群れをなして樹上生活をしていて、相手のサルとの距離はあまり離れていないので表情の動きをみることで十分に情報のやりとりが可能である。

つまり立体視能力の獲得、表情筋の発達、そして顔面の毛の喪失という三つの変化が近距離で群れをなして生活をするサルに起こったことによって、顔面の表情を中心とする視覚による大量の、しかも瞬時の情報のやりとりが可能となった。そして「笑い」がコミュニケーションの手段として初めて登場することとなった。

この経過からみてもそれ以前の動物、つまり視力と表情をコミュニケーションの手段としない動物での笑いの存在には否定的な意見が多いのは十分に首肯できる。

さてそのサルの笑い表情について、オランダの比較行動学者・ファン・フーフや京都大学の比較行動学者・金沢創らの研究を中心に考察をすすめよう。ファン・フーフの研究は主としてニホンザルやアカゲザルを含むマカク類のサルについて行われたが、チンパンジーの場合もこれらによく似ていることがわかっている。図1-1はファン・フーフの有名な図を一部改変して引用したものである。

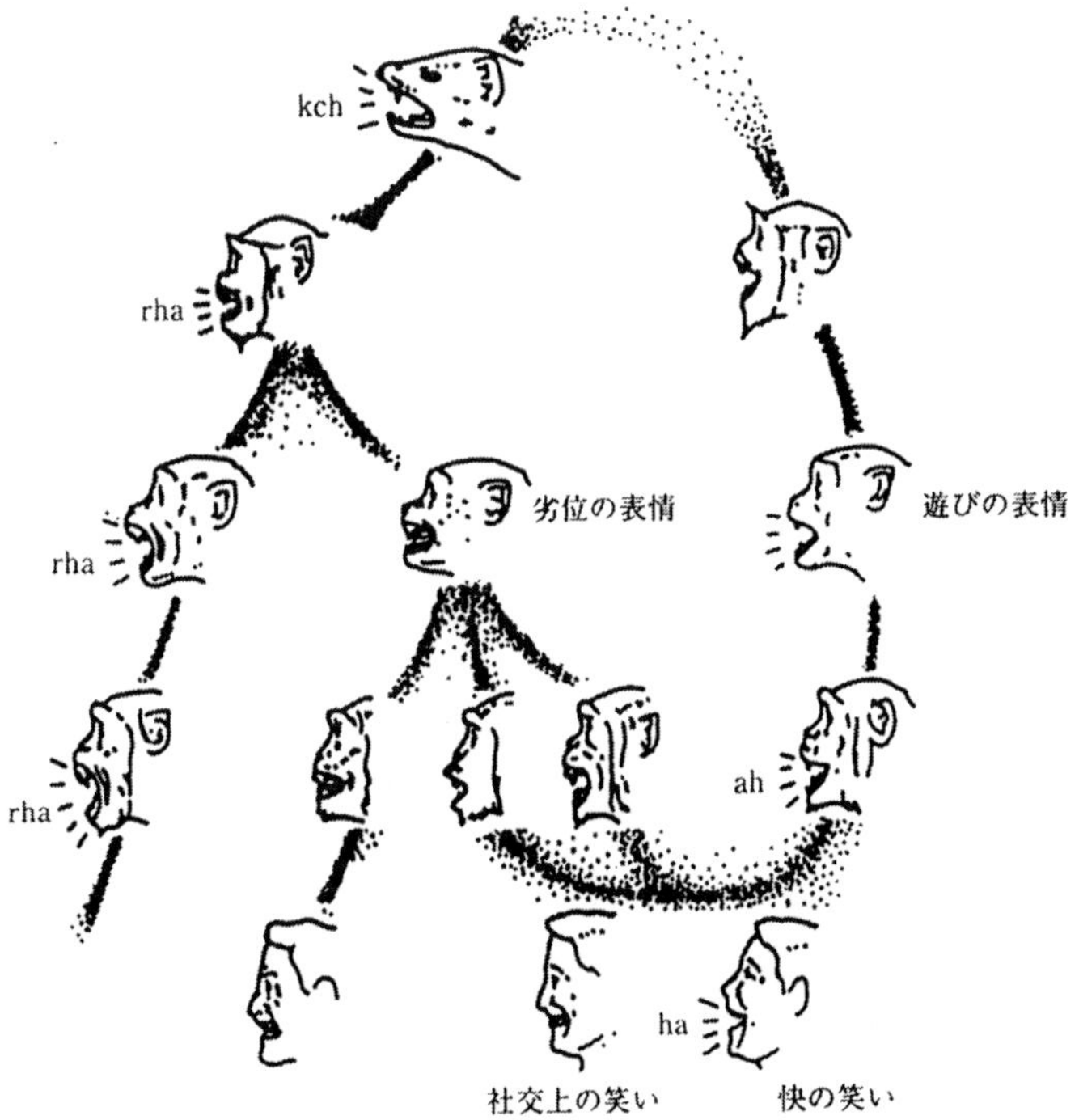

図 1-1　ほほえみと笑いの進化（van Hooff, 1972）
（志水・角辻・中村『人はなぜ笑うのか』1944，講談社）

この図の「劣位の表情」はファン・フーフのいうSilent bared-teeth face（無声の歯をむきだした顔）にあたり、この表情では発声がなく、口角は後へひかれ少し歯がみえている。図1-2にチンパンジーでのこの表情を写真によって示す。この劣位の表情はマカク類のサルの群れの中で、順位が下のサルが上位のサルにあったときに浮かべるものであり、相手に対して攻撃の意図がなく「あなたに従いますよ」という意味を含んだあいさつの表情であると考えられている。この顔の表情の形や出現する状況からファン・フーフはこれが人間の「ほほえみ」(Smiling) に発展したものと推定している。

さて一九九二年になって興味のある観察が報告された。それはインドネシアのスラウェシ島に住むマカク類では、この表情が下位のサルから上位のサルに示されるだけではなく、上位から下位の個体にもさかんに示されるという事実である。ここで示されているメッセージは「親しみ」であり、地位の上下を問わず「仲よくやろうよ」というものである。これはマカク類の中でも種類によって「劣位の表情」が「親和の表情」に進化したことを示している。チンパンジーではこの表情は上下の差なく表出されることは以前から知られており、さらに進化したヒトではもっと一般化してあいさつの笑いに代表される「ほほえみ」、つまり「社交上の笑い」（第三章参照）になって、極めて多様な場面で用いられるようになったと考えられる。

金沢創はこの変化を「すみません」という本来はあやまりの言葉を例にあげ、この言葉が時とともに繰り返して物を頼むような場合にも使われるようになり、やがてレストランで「すみません、

図 1-2　チンパンジーの「劣位の表情」
（撮影：松沢哲郎）

図 1-3　鏡と向き合うチンパンジーの「遊びの表情」
（撮影：松沢哲郎）

水を下さい」というように本来のものと変化した意味をもつようになったこととの相似を用いて説明している。つまり「劣位」という意味をもつ表情が含んでいた「親和」という意味が、時間を経るとともに「親和」が中心に置きかわったとの考えである。

図1-1のもう一つの表情「遊びの表情」(プレーフェースともいう)はファン・フーフがRelaxed open-mouth face(リラックスして口を開いている顔)と呼んでいるものである。図1-3にチンパンジーでのこの表情の写真を示す。この表情は主に子供のサルの遊びの場面でみられるもので、一見攻撃的な場面でありながら実際は相手をかむなどの行動はとらない。つまり相手を攻撃しないが、何か相互にじゃれあうことを求めて「これは遊びだよ」というメッセージを伝える表情であり、口は大きく開かれ、口の周囲はリラックスし、発声はないが「ハッハッ」という激しい呼気を伴う。これをファン・フーフは「笑い」(Laughter)と呼んで「ほほえみ」と区別しており、この唇の形や呼気、そしてそれが出現する状況からこれが人間の「快の笑い」、「ハッハッハッ」の笑いに発展したものとも考えられる。ただしこの「遊びの表情」はこの発達段階では明確な快の表現とはいいきれず多分にコミュニケーションの意味を含んでいる。

この二つの笑いの表情は、チンパンジーではさらに分化し、場面により明確に使いわけられるいくつかの異なる意味をもつ表情に進化していることが明らかになっている。たとえばここで「劣位の表情」として述べた黙って歯をむき出しにする表情は、チンパンジーでは唇を横長にあける型、縦長にあける型、そして口を大きく開く型の三種があり、後の二つが人間のほほえみに進化したと考えられている。

ここまでファン・フーフの観察を中心に述べてきたが、アリソン・ジョリーも他の霊長類の表情とヒトの表情をその著者『ヒトの行動の起源――霊長類の行動進化学』の中で比較している。たとえばヒトの「品のよい微笑」の原型は、キツネザル、オマキザル、クモザル、ヒヒ、チンパンジーなどにもみられ、主として「社会的な恐れや服従、または友交的な接近、または悪臭」の場面で出現する。また、ヒトの「そわそわした笑い」は、これらのサルの劣位の逃走と接近の葛藤、乳児の不快の場面などでみられる「歯を剝き出してあざける顔」から発展したものとされている。

この他、チンパンジーが相手を嘲るときに示す口をとがらせてフーフーと息を吐く誇示の表情が、ほほえみに発展したとする説や、霊長類の仲間同士の毛繕《けづくろ》い行動が儀式化したものがほほえみであるとの考えもある。

このようにみてくると、サルにはじまる霊長類に笑いがあることは確かである。それでは人間では笑いはどのように発達するのであろうか？

II　人間の笑いの発達――笑いの個体発生――

人間では表情が発達の過程でいつ頃から生じ、どのように発達していくかについては多くの研究がある。それらを参考にして笑いの発達を検討してみよう。

1　笑いの生得性

顔面の表情は生後まもないわずかな期間に急速に発達する。このことはそれが遺伝的に組み込まれているということを示唆する。オーストラリアの比較行動学者アイブルーアイベスフェルトは、母親が妊娠中に服用した睡眠薬の副作用のために、生まれながらの盲目であり、聾啞《ろうあ》でもあった六人の子供についてその表情の発達を七年間にわたって観察した。この子供たちは、その身体障害のために他人の表情をまったく真似ることができないにもかかわらず、七種類の顔の表情を示し、その中にはほほえみが含まれていた。また一卵性双生児では、ほほえみの出現時期が一致することも知られている。これらの事実はほほえみを含む表情の原型は生得的、つまり生まれながらに備わったものであり、学習するものではないことを示している。

一方、生後の異なる時期に視覚などの感覚を失った子供たちの表情を比較することにより、感覚を失う前までに身につけた表情は十分に表出できるが、それを失った時から後に修得するであろう表情については上手に表現できないことがわかっている。たとえば幼時に視覚を失った人は長じても皮肉な笑いを浮かべることができない。

これらの事実から、笑いを含む表情は生得的な表出行動ではあるが、感情や身体の状態を外面化するところまでは生まれながらに備わっていても、社会的に自分の意志や内面を知らせるコミュニケーションの役目を担う部分については、社会における学習が必要であることがわかる。

こうした笑うという運動機能のみならず、相手の笑いを判断する能力もまた先天的に備わっているらしいことを示すデータもある。まず笑顔を「笑っている顔」と判断するに要する時間は他の表情に比べて短く、そして遠くからでも正しく判断されることがあげられる。こうした笑顔についての判断能力の高さは生後二—三週で明らかとなり、新生児は他の表情には反応しなくても笑顔には反応する。この事実は視力その他の感覚能力の発達からは説明ができず、笑顔の判断のために生まれながらの、つまり生得性のテンプレートが備わっているという考えが有力である。また人間が他人の笑顔を「笑っている顔」として正しく判断する能力は、悲しみ、怒り、恐れなど他の表情を判断する能力に比べてはるかに高いことが知られている。笑い以外の表情は、しばしば誤って他の情動を示すものと判断され、特に文化が異なると誤まる傾向が強いが、笑いは文化差をこえて正しく判断される。

このようにみてくると、笑いの表情はその表出面でも認知面でも生得性のものが大きく、人間の表情の中で特別の位置を占めていることがわかる。

2　発達初期の笑い

最近、超音波を主とした画像技術の発達により、子宮内の胎児の顔を画像でみることができるようになり、妊娠三二週ですでに顔に動きがあることが報告されているが、顔面筋が未発達なためにまだ表情といえるものではない。早産児では顔の筋肉の動きが四肢など他のどの筋肉よりも活発なことが知られているし、一般の新生児でも頬、舌、口唇など口の周囲を中心に活発な動きがみられ、笑いともとれる動きもあるが、実際は無目的な動きがそうみえるだけのようである。

なおこの時期の新生児は一日の六〇%以上を睡眠で過ごし、その八〇%はレム睡眠と呼ばれる睡眠の時期である。この睡眠相ではレム（ＲＥＭ）つまり急速眼球運動（Rapid Eye Movement）があり、瞼《まぶた》の上から眼球がピクピク動いているのが観察される。このレム睡眠中は人間は夢をみていることが乳幼児から成人では確認されており、新生児でもおそらく夢見があるであろう。このレム睡眠中に笑いの表情がみられるとの観察があるが、もちろん新生児の内省を聞いての裏付けはない。レム睡眠中に起こる表情や身体の動きや呼吸の変化が夢の中のイメージと関連があり、たとえば右手の指がピクピクするときは字を書いている夢をみているというように、夢の中のできごとを反映しているというためには、それらの現象が観察されている時期に夢をみている人を起こし、その時の主観的体験、つまり夢の内容をきいて、それが身体の動きや呼吸の変化などの身体的変化と一致するかどうかを照らしあわせるという方法で研究が行われる。

成人で行われた研究では、例外的に夢の中で眼球を動かしたときに同じような眼球運動が記録されている場合があったり、しゃべっている時に発語筋が動くなどの事実はあるものの、一般には夢の中の思考や情動の内容が、表情にあらわれることは否定されている。こうしたことから筆者は、新生児期の睡眠中に観察される笑顔のようにみえる表情は、本来の笑いとは区別すべきものと考えている。

新生児の表情は生後一〇日までに視覚の発達に伴い、口の周囲に加えて眼の周囲の動きが加わり、

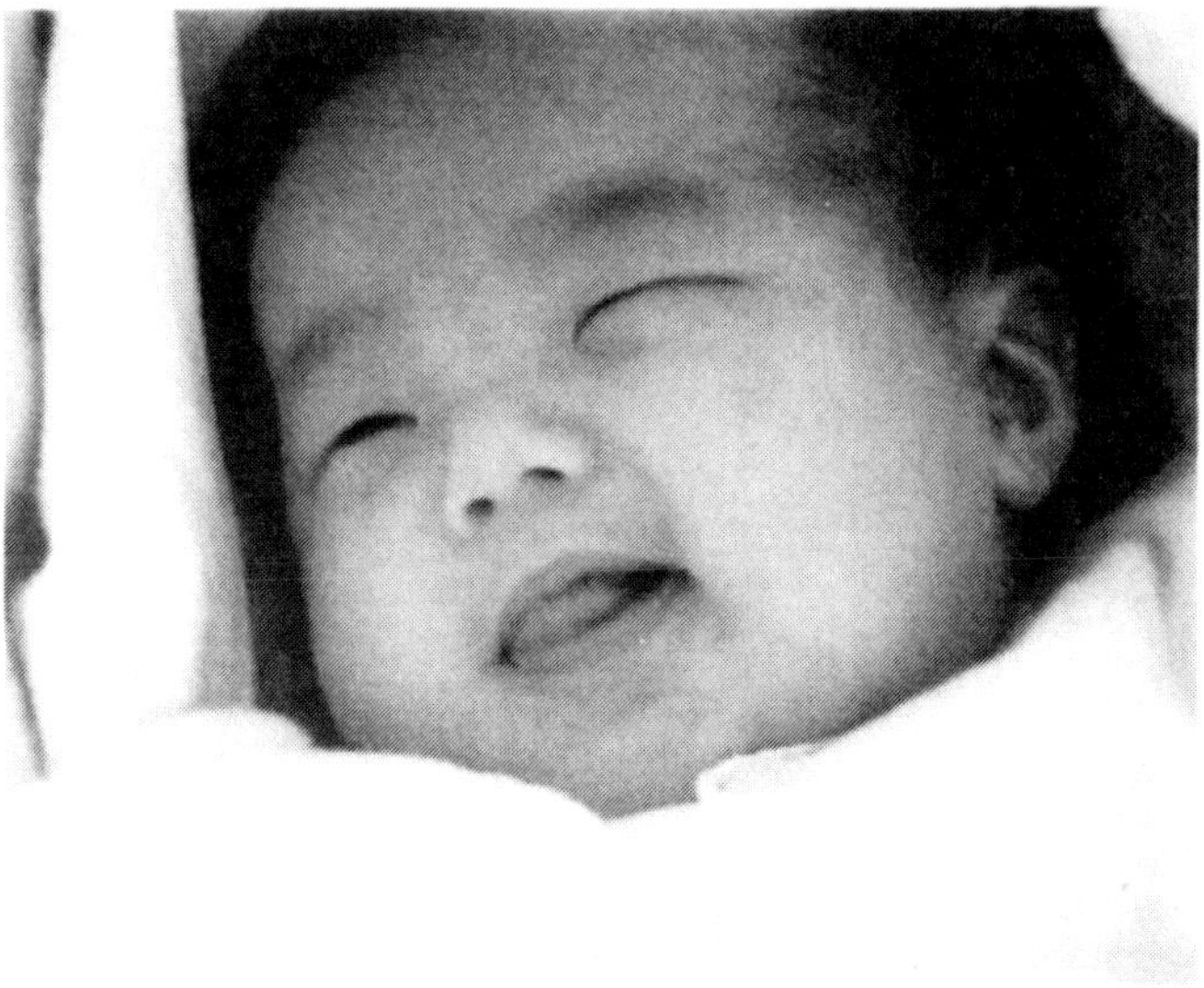

図1-4　生後4週間での授乳のほほえみ
（撮影：遠藤　彰）

生後二週間で顔の表情によるコミュニケーションが始まることが確認されている。しかしそれは、相手の働きかけにより表情が不特定に変わるのであり、相手が笑いかけると笑い返すという意味での交流はまだみられない。

3　乳児期の笑い

笑いが生後どのくらいで出現するかは主として母親の観察が資料となっている。このため多少の主観の入ることはやむをえないが、大体三―四週間でほほえみは出現し、それは主として授乳後の満足に際してである（図1―4）。このほほえみが人間の個体発生の上での最初の笑いと考えられ、表情としては生後すぐ存在している泣きに次ぐ早い発達である。なお生後一カ月ではすでに怒り、驚き、恐れも表情にあらわれるとの報告もあるが異論が多い。

この授乳後のほほえみは「お乳を飲んで満足して」示す快の表現であり、「快の笑い」の始まりと考えられる。この笑いは、顔の表情筋（主として大頬骨筋《きょうこつ》）の発達が左右対称でないため非対称であることが多い。この表情についてその直前に母乳を飲んだときの快感を思い出し、その動作を反復しているとの解釈を行う人もあるが、いずれにしろ「快の笑い」であり、母親や他人をひきつけてそれらの人々との交流に役立つ「社交上の笑い」の始まりではない。それはこの表情が、養育者以外の人が必ずしも乳児と交流しないで哺乳瓶で与えた授乳の後にも、さらに病院などで誰もいないところで、器具によって一人で飲んだあとにもみられることからも推定される。

一方、この授乳後のほほえみとそれに対する母親の行動は、肌のふれあいとともに母子間の絆を強めるのに決定的な役割を果たすことが示されており、それは乳児の働きかけによるのではなく、母親がその乳児の笑顔に「可愛い」と反応して乳児により強く働きかけるからであると考えられている。

実験的には、人の声やベルの音によって、ほほえみに似た表情が生後三週間くらいで誘発されるし、六週間目になると顔の表情筋の発達もあって、はっきりしたほほえみの表情になるが、これは聴覚刺激のみならず、カーテンやヒモが動くなどの視覚刺激、特に人の顔で効果的に誘発される。このメカニズムは明らかではないが、アメリカの哲学者ジョン・モリオールは笑いの原因を急激な心理状態の変化、すなわち転位に求めており、その立場からはカーテンの動きや急に人の顔が視野

図 1-5　生後 3 カ月での父親の笑いに応じた笑顔
（撮影：遠藤さゆり）

に入ったりするのは、新しい感覚刺激が急に入ってきて転位を起こすからであると説明している。

月齢三―四カ月になると、乳児が他人の表情、ことに相手のほほえみを弁別する能力をもつことを示す研究がいくつかある。しかし視覚の発達がそれを行うには未熟で、単に笑いに際して相手がむき出した歯に反応しているにすぎないとの意見もある。いずれにしろ多くの母親は生後三―四カ月で自分が笑うと乳児が笑うことを認めている。

図1-5に父親の笑いに応じてみられた三カ月児の笑顔を示す。この笑いはある種のコミュニケーションの意味をもっている。というのはイギリスの動物行動学者デズモンド・モリスがいうように、

それまでは泣くことによってのみ横に引き付けておくことのできた母親を、ほほえみにより喜ばせて引き付けておくことができるからである。幼いサルは母親の体毛にしがみついて親との緊密な関係を長時間保つが、人の乳児では手の力もないし、つかまるべき母親の体毛もない。そこで乳児はまず泣くことにより母親をひきつけ、母親がそばにきてからは、ほほえみで長くひきつけておこうとするのであるとモリスは考えている。

しかしこの時期には、まだ真の意味でのほほえみを通しての相互の感情の交流が行われたとはいえない。なぜなら相手の表情からその人が怒っているか喜んでいるかなどの感情を汲みとるためには生後五―七カ月、研究者によってはそれ以上の時を要すると考えられているからである。多くの場合、六カ月を過ぎると周囲の人々、ことに母親に対して笑顔を見せると相手が喜ぶことを学び、相手が笑い返すとこれに応じてまた笑うというように、笑いを介してのコミュニケーションが成立するようになる。これが「あいさつの笑い」に代表される「社交上の笑い」の始まりであると考えられる。

こうして乳児の笑顔は、もともと遺伝的に母親に似ている表情筋を使って母親の笑顔を真似ることから始まるので母親によく似ることになる。これは「快の笑い」でも「社交上の笑い」でも同じである。

このようにして乳幼児期に形成された笑いの表情のパターンは、その後の年齢による顔貌の変化にもかかわらずほぼ一定である。若かった中学校時代のクラス会に集まった中高年者が、はじめは頭の禿げた相手が誰かわからなくても、笑うと「あっ」と思い出すのはこのためである。乳児が母親の顔の動きを模倣することは笑顔のみでなく他の表情でも起こるし、成長してからも続く。またわれわれは他人の表情に無意識のうちに同調する傾向をもっている。向かいあっている相手の笑顔をみると、自分の顔もわずかにではあるが笑いの形をとるし、相手が怒るとそれに準じた微妙な表情筋の動きがあることが、筋電図を用いた研究で証明されている。この結果親子、兄弟、夫婦など接触の多い人の表情は互いに似ていくことになる。

ここまで「快の笑い」と「社交上の笑い」の発達について述べてきたが、今一つの笑いである「緊張緩和の笑い」（第三章参照）の始まりは発達のどの時期に求められるであろうか？

この笑いは後に述べるように、緊張—緩和のリズムを作り、人間の生存の上に重要であると思われるが、生後すぐにみられるわけではない。驚きや恐れやそれに伴う緊張は生後一カ月ですでに認められるが、それに続く笑いはこの時期には観察されていない。やがて母親のくすぐりにたいして笑うようになるが、それは皮膚刺激で「何だろう？」と緊張し、それが無害をわかって緊張が緩んで笑うとも解釈できる。もっともこのくすぐりは親しい人の適度の触覚による快の刺激であり、笑いはそれに反応した「快の笑い」とも考えうる。より明らかなのは「イナイ、イナイ、バー」に際しての笑いや、父親などに空中へ放り上げられ受けとめられて笑う場合である。たとえば空中へ放り上げられると緊張し、受けとめられるとそれが緩和しここで声を出して笑う。これがたび重なると放り上げられる時すでに安全に受けとめられて緊張が緩和することを予期して笑うという形をとる。これらは生後五―六カ月に出てくるので一応「緊張緩和の笑い」の出現はこの頃と考えられる。しかしこれらの笑いは、比較的大きく、そして声を出しての笑いである。そしてこの生後五―六カ月という時期は、笑いを表出できる表情筋や発声器官が成長するときであるとも考えられ、本当はもっと以前から存在している可能性がある。たとえばくすぐりに対しての反射的な笑いは五カ月以前では発声器官の未発達のため「グググッ」とノドを鳴らすような音がすることが観察されており、これを一応「緊張緩和の笑い」の原形としてよかろうとの意見もある。

要約すれば「快の笑い」は生後三―四週で、「社交上の笑い」は約六カ月で、「緊張緩和の笑い」は五―六カ月で出現すると考えてよかろう。

4　幼児期の笑い

幼児期は笑いが単なる食欲の満足や、単純な意味での緊張緩和のあらわれでなく、人間的な要因を含めて複雑に発達していく時期である。保育園で成長していく幼児を観察した友定啓子は、乳を飲んで笑い、くすぐられて笑った乳児が、やがてすべり台やブランコで遊ぶとき、さらに走り回るときなどに笑うようになることを観察して、これらを自らの身体に緊張感を与え、その解消を楽しむ動きと考えている。つまり「緊張緩和の笑い」である。

友定によると、心理的要因の強いおかしみによる笑いは、二歳児（ある年の四月一日現在で二歳であるという意味）になって出てくる。この頃には子供は乳児の頃、カーテンや人の顔にほほえんだような単純な感覚の転位で笑うことは少ない。多くの身のまわりの物をすでに認知ずみの子供たちはその意味のズレで笑うようになる。たとえば「ころばない」と思っていた先生がころぶなどによる笑いがみられる。また先生が蛙の面をかぶって、跳びながらあらわれてきた時に笑うのは蛙を知らないからではない。先生も蛙も知っていて先生が蛙になったというズレを快と感じ笑うことができるようになっているのであり、「快の笑い」の一種である。

また筆者はその出現の早さに驚いたが、「価値無化の笑い」（第三章参照）すなわち自分にとって都合の悪い小さなことを笑うことによりその価値を低めて正当化しようとする笑いはすでに三歳児にみられるようである。この時期に幼児は「やってはいけないことと自分で思っているが、しかしやりたい」ことをするときに笑いを浮かべる。友定は「笑いすなわち親和を全面に押し立てて、実際には行動してしまうという非常に複雑な戦略をとっていることになる」と述べている。

四歳児になるとおかしさを友人と共有し笑い合おうとする。そしてしばしば他人を笑わせようとして、自分が先に笑ってしまうなどの行動がみられる。さらにこの頃には、他の子供の荷物をかくして困っているのをみてニヤニヤ笑うなどの「優越の笑い」も発達してくるし、自分より劣ったものを笑う嘲笑つまり「攻撃の笑い」もみられる。こうした優越や攻撃の意味をもつ笑いはもう少し長じた五歳児では、そうしてはいけないとする「しつけ」の影響によって抑制される場面もみられはじめるとのことである。

友定によれば、こうして幼児の笑いは食欲の満足など体に内在するものから、ズレなど知的認識に関するもの、さらに嘲笑など人間関係にかかわったものという順に出現してくる。そしてこの頃には、笑う、笑われる、笑われないようにするといった関係もみられる。また他の研究者による報告であるが、うれしくないプレゼントを大人からもらっても「ありがとう」とニッコリするのも四―五歳からというデータがある。

こうした笑いの中で特別な位置を占めるのがからだのタブーに関する笑いである。友定によれば二歳児の後半から、「おしり」や「うんち」などからだ、特に排泄や性に関することをわざと取り上げて「笑いをとる」ことが起こるようになる。たとえば排泄はうまくそれをコントロールすれば母親にとてもほめられ、叱られ失敗すれば叱られる行為である。幼児にとって母親にほめられることは無上に幸せであり、叱られ、ることは大変な不幸である。このため「うんち」は幼児にとり幸、不幸を支配する重要な道具となる。ところがその重要な道具のはずの「うんち」や「おしり」はやがてやたらに用いることを禁止される。つまり「うんち」で下着を汚したり、他人の前で「おしり」を出すことはしてはいけないタブーとして教えこまれる。

ところがある場面やタイミングでこのタブーをおかすと、普通は大人からも子供からも「笑いがとれ」、そして笑ってくれることにより自分がそれらの相手との親和関係を形作れると幼児は感じる。そしてそのためにタブーをしばしばおかす時期が六歳頃まで続く。余談であるが精神分析学の創始者であるジークムント・フロイトは人間が金（ゴールド）を貴重に思うのはそれが「うんち」の色に似ており、かつて母親を支配して幸せをもたらした貴重な道具を思い出させるからだと推論している。

さて笑いはさらに年齢とともに発達し、人と人とのコミュニケーションの中で重要な役目を果たすようになるが、それは個人の性格や意志の力や経験によって修飾されるところが大きく極めて多種多様となり一般的な発達を論じることは難しくなる。

以上を要約すれば、動物ではおそらくサルからコミュニケーションの手段として笑い表情が出現し、人間ではまず満足の「快の笑い」がみられ、ついでコミュニケーションの意味での「社交上の笑い」が出現し、これに緊張がゆるんだときの「緊張緩和の笑い」が加わる。

そしてこれらの笑いは、その後、成長や社会とのかかわりの中で複雑に発展していく。

文献

・平岩米吉『犬の行動と心理（新装版）』築地書館、一九九一年。
・Van Hoof, JARAM: A comparative approach to the phylogeny of laughter and smiling. R.A.Hind(ed), Non-verval communication, Cambridge University Press. pp209-241, 1972.
・金沢　創「表情の起源」吉川佐紀子、益谷　真、中村　真編『顔と心――顔の心理学入門――』二七―四五頁、サイエンス社、一九九三年。
・アリソン・ジョリー著、矢野善夫、菅原和孝訳『ヒトの行動の起源――霊長類の行動進化学――』ミネルヴァ書房、一九八二年。

・デズモンド・モリス著、藤田統訳「マンウォッチング――人間の行動学」小学館、一九八〇年。
・友定啓子『幼児の笑いと発達』勁草書房、一九九三年。

第二章　笑いの起源

私の最初の子供は一八三九年一二月二七日に生まれた。私は早速、かれがあらわすさまざまの表情の最初のきざしについて、覚え書をつくりはじめた。なぜなら私は、このような幼い時期にも、表情の最も複雑で細かいいろいろの動きが、すべて漸次的でまた自然的な起源をもつに相違ないと、自分が確信していることを感じたからである。

――ダーウィン――

笑いは広義には顔の表情のみならず、身振りや笑い声など多くの動作を総合したものである。しかし何といっても、笑いの中心をなすのは顔の表情である。笑い声や身振りを伴わない笑いはあっても笑顔のない笑いは考えられない。そこでここでは笑いの起源を笑顔の起源と同義と考えて論をすすめることにしたい。

I　表情の成り立ち

笑いは顔の表情の一つであり、表情や身振りはコミュニケーションの手段である。そこでまず広い意味での表情や身振りについてその起源と発達をみてみよう。

人間や動物の表情がどのようにして発生し、形成されてきたかはダーウィンをはじめいくつかの研究があるが、まだ十分に解明されたとはいえない。しかし少なくともその起源の一つは眼球などの感覚器官の保護のための反射的動作であり、今一つはそれらの感覚器官を有効に使うための随意的運動であることについては意見が一致している。さらに身振りを含めていえば外敵からの逃避や、攻撃の準備のための動作を含めたものであろう。

たとえば驚きに際し、人はまず眼を閉じ、ついで大きく見開き、肩を持ち上げ、息を大きく吸い込む。この最初のまばたきは、身体のうちでもっとも弱い感覚器官である眼を保護するための反射から由来したものであり、ついで見開くのは眼を有効に使って起こった事態を見きわめようとするためである。肩を持ち上げるのは危険からできるだけ早く逃れるために飛び上がったことの名残であり、大きく息を吸い込むのは走って逃げるために酸素を蓄えるという準備動作から起こったものであると考えられる。

また人が、攻撃的なことをいわれて怒ったときに両足を踏ん張り、顔を赤くし、手や腕をブルブル震わせるのは、まず相手の攻撃を受け止め、次に相手に反撃するために血流を増やしてエネルギーの供給をよくし、手や腕に力をみなぎらせてきたためと思われる。

このように元来ある刺激や情動（怒りなど短時間の比較的強い感情の変化を情動という）に際して、必要に応じて行われた表情や身振りが度重なると自動的習慣となって、実際には必要がない場合にも、同じ情動や刺激に対して起こるようになる。つまりその表情や身振りは、ある刺激に際し、その必要性の有無にかかわらず無意識のうちに行われるようになり、これが表情や身振りにコミュニケーションの手段としての意味を与える。たとえば人が相手の申し出を拒絶する場合には、しばしば目を閉じ顔をそむける。逆に承諾する場合には頭をうなずかせ目を見開くことが多い。先の場合にはあたかも物を見ないかのような、または見たくないかのような動作であり、後の場合には受け入れる対象をしっかり見きわめようとする動作である。また恐ろしい光景を話す人は、しばしば目を閉じ、不愉快なものを見まいとするかのような動作を示す。これらの表情や身振りが言葉同様あるいはそれ以上にその人の意志や感情を伝えることになる。

このような過程を経て、人間が獲得してきた表情は、基本的な点、たとえばほほえみでは口角を後に引き、やや持ち上げて上唇を上げ、歯を部分的に現し、鼻唇溝を動かすなどの点では人類を通じて共通であるが、それ以上の微細な点では経験の効果が強く影響し、性、人種、文化などでかなり違ってくる。それでも笑いの表情はおおむね世界共通であるが、怒りや悲しみなどでは文化圏が異なると表情も微妙な差があり、七〇％前後の確率でしか、その表情の意味とするところを正確に読みとれないとするデータが示されている。これは情動の生のままの表出は不都合を起こすことが多いので、多くの社会で抑えるようにしつけられるためと考えられており、大人の顔面表情では、乳児にみられるような単純な笑いや泣きなどは極端な場合でないとみられず、広い意味での社会的経験によって大きく左右される。

一方、怒りのように、意志にその起源をもつ表情もある。多くの動物では歯が攻撃用の武器になっているが、怒って相手を攻撃しようとするときにはまず歯をむき出す。この動作が攻撃のたびに繰り返され、何十万年という長い時間を経るうちに必ずしも攻撃に移らなくても威嚇の動作となり、怒りのディスプレイとなる。

こうした表情の発達をもう少し詳しく系統発生的にみてみよう。表情の発達は、顔面筋、その他の表情に必要な器官の発達と相伴っている。

哺乳類以下の脊椎動物では、顔面筋の発達は限局されていて、目や口を開閉するに止まっている。鳥類になって頸部の筋肉が顔面にまで発達し、とさかや毛を使ってやや複雑な表現が可能となる。顔面表情の出現のための重要な進化は変温性から恒温性への変化であり、これに伴い皮膚は柔らかくしなやかなものとなり、顔面の皮膚のしわ、つまり表情の出現を可能とした。

哺乳類になると歯が分化して臼歯が発達し、食物を飲み込む前に歯で嚙み砕き唾液と混ぜ合わせるようになる。これが舌、口唇、および頰の筋肉の共同運動を促し、顔面筋をより発達させることになる。またネズミなど一部の哺乳動物はその感覚を有効に用いるため鼻が動くようになったし、感覚器としてネコなどで発達した顔面の長いヒゲは、さまざまな方向に自由に動いて顔面に変化を与えることになった。この他、発達した聴覚にたよることにより生き残ってきたウサギなどでは耳《じ》介《かい》（耳殻）が動かせるようになった。

それではこれらの身体的な発達は表情の発展にどのように寄与したであろうか。いくつかの例を示そう。

ハツカネズミやその他の多くの哺乳動物は、音やそのほかの有害刺激によって驚いたときに耳をふせ目を細くする。この反応は元来有害刺激から耳や目を守るための反射である。こうした危険回避のための反射的動作が、長い時間のうちに危険のない場合にもあらわれるようになって表情となることについてはすでに述べたが、この反射的動作を動物の群れの中で感覚の鋭敏な個体が行い、他の個体はそれで危険を察知することにより情報伝達の役割を果たす。

またウサギはある距離に危険な敵が近づいたような音を聞くと耳介を立てる。それはあやしい音をよりよくとらえるための手段であるが、それにより横にいる他のウサギは自分にはわからなかった危険を知ることができる。つまり感覚器をより有効に使おうとする手段が情報伝達の手段へと変化したのである。

やがて視覚が発達し、両眼視が行われるようになると眼球を動かす能力が増大し、表情がより複雑になる。耳が感覚器としてさほど重要でなくなると、耳介を動かす能力がおとろえ、新たに頸部から発達した筋肉により行われる頭皮を後に引く動作にとって代わられる。これはさらに高等な類人猿やヒトでは眉毛を動かす動作へと代わり、重要な表情の一つとなる。

さて前述の鳥類の頸部の筋肉から発達してきた顔面にある筋肉が、顔面の皮膚を動かすようになる。視覚の発達とともにヒゲの感覚器としての必要性がなくなると、ヒゲをささえていた組織が分化して顔面筋の付着部となる。このためヒトの顔面筋はネコのヒゲのように個々独立して非常に微妙な動きをすることができる。これらの筋肉は必要に応じていろいろな顔の動きをつくりヒトの表情へと発展する。たとえば注意集中に際して眉間にできるタテじわをつくる皺眉筋は、熱帯雨森からでて強い日光を受けるサバンナに進出するようになったヒトが、そのまぶしさから目を守りよりよく物を見るためのひさしをつくる目的から発達したと考えられている。

このようにして発達した諸器官を用いて、顔面表情は表情筋によって頬や額などの皮膚に作られるしわ、および下顎、口唇、舌、口角、耳介、眉毛、眼球、眼瞼の相互の位置とそれらの動きによって形成される。たとえばにらむという表情は顔の近くにある対象を注視することに起源している。この場合、眉毛の内側が引き下げられる。この動作の元来の意味はおそらく眼球の保護と対象に眼の焦点を合わすのを助けることであろう。これが相手を威嚇する意味をもつにらみに発展した理由は明らかではないが、こうした注視や注意の集中は普通恐れの感情のない場合に行われるものであることがその一つとしてあげられている。

こうして表情と身振りは発達してきた。しかし顔面の微妙な表情がコミュニケーションの意味をもつためには相手がそれを読みとらなければならない。そのために必要な視力の発達と顔面の毛の喪失は霊長類で初めて起こることになったが、それについてはすでに前章でふれた。
ここまでは表情全般についてみてきた。次に笑いの成り立ちについて詳しくみてみよう。

II　笑いの起源

笑いの源となる表情や動作を動物や太古の人類に求めた推論がいくつかある。その主なものについて紹介し、それがどのようにして後述の三つの笑い、すなわち「社交上の笑い」「快の笑い」「緊張緩和の笑い」になっていったかを考察してみよう。

笑いの起源となった表情とされるものの中で最も有力なものは動物の歯をむき出す動作である。これに二つの場合が考えられている。

第一は口に入った有害なものに対する防御反射であり、口角を後へ引き、歯をむき出し、舌を突き出し、口腔内のものを吐き出そうとする動作がその原形である。やがて、フクロネズミから霊長類に至る多くの哺乳動物で、驚いた際にこの表情がみられるようになる。この表情は高い音声を伴ってみられることが多いが、これは有害物質が吸い込まれないように声門を閉じ、呼吸を中断した後それに続く強い呼気が起こるためであり、言語の原形との推定もなされている。より進化した霊長類ではこの発声が省略され、驚きに際して歯をむき出すという動作だけが残り、これが仲間に危険を報せる意味をもつようになる。こうして最初は防御反応であった歯をむき出すことが、やがて防衛のための表情としての意味をもつようになる。さらに変化してこの動作は、自分が攻撃する意図はないが、攻撃を受けるかもしれない相手に近づく時に敵意のないことを示す意味で用いられるようになり、これがマカク類のサルの「劣位の表情」となった。この表情がさらに人間のあいさつの際などのほほえみへ発展したことはすでに述べた。こうして有害物質を吐き出すための歯をむき出す動作は「社交上の笑い」へ発展した。

なお付記すれば、口に入った有害なものを吐き出そうとする動作が繰り返されるうちに歯をむき出すという動作となり、それが仲間に危険を報せる意味の表情となる過程は「生体の防御という機能」がある意味をもつシグナルに変化するため「機能に起源を持つ表情」(function-signal) と呼ばれる。そして「劣位の表情」が「ほほえみ」に進化する次の過程は、「劣位の表情」がすでに表情というわば記号であり、それが「ほほえみ」という記号に進化するため、signal-signal の変化と呼ばれている。

笑いの源となる歯をむき出す動作の第二の場合は威嚇のためのものである。そして威嚇した結果、得られた相手に対する優位が「優越の笑い」となった。この「優越の笑い」は「快の笑い」の一つであり、「快の笑い」の中でも進化の上では古いものとされている。

アルバート・ラップは「ウィットとユーモアの起源」の中で笑いは太古のジャングルでのいくさにおける勝利の雄叫びという原始的な行動から発展したとしている。ラップによれば、それは言語の発生に先立つものであり、やがて自らの属する集団の人々に「もう安心してくつろいでよいこと」

を示すシグナルとなり、そして時とともに「優越の笑い」というコミュニケーションの意味を獲得していったとのことである。

ファン・フーフのマカク類のサルでの観察でも「快の笑い」に発展した「遊びの表情」は弛緩して口を開いた誇示であるとされており、これが嘲りの攻撃(mock-fighting)や追っかけなどの遊びの中であらわれることが観察されている。

「快の笑い」の起源についての今一つの意見はアンドリューらによるものである。人間の感ずる快感の多くは特定の刺激によるというより、あまり強くないどちらかといえば弱い非特異的な感覚の変化の際に起こる。たとえば乳児に軽い快感をもたらすいくつかの刺激が笑いを誘発することはよく知られている。こうして本来、驚きという強い刺激に対しての反射であった歯をむき出すことが弱い刺激に対しての反応ともなり、やがて快に伴う笑いに変わったとの考えである。

笑いの起源とはいえないが京都大学の比較行動学者・正高信男の研究は乳幼児の笑いが言葉に先立つ意思表示の手段として解釈できることを示している。それによれば四カ月くらいでみられる幼児の「ハッハッハッ」と声を立てての笑いは「ダダダ」「パパパ」など複数の音節から成る喃語の前駆体とのことである。喃語は言葉の始まりであるからこの笑いはさらにそれに先立つ発声器官のリズミカルな運動のためのものということになり、明らかにコミュニケーションのためのものであると考えられる。正高の研究では「ハッハッハッ」という笑いは足をけったり手を振り回したりする動作と同時にしかも同期して起こる。図2-1にみられるように足蹴りは笑いより約一カ月早く出現

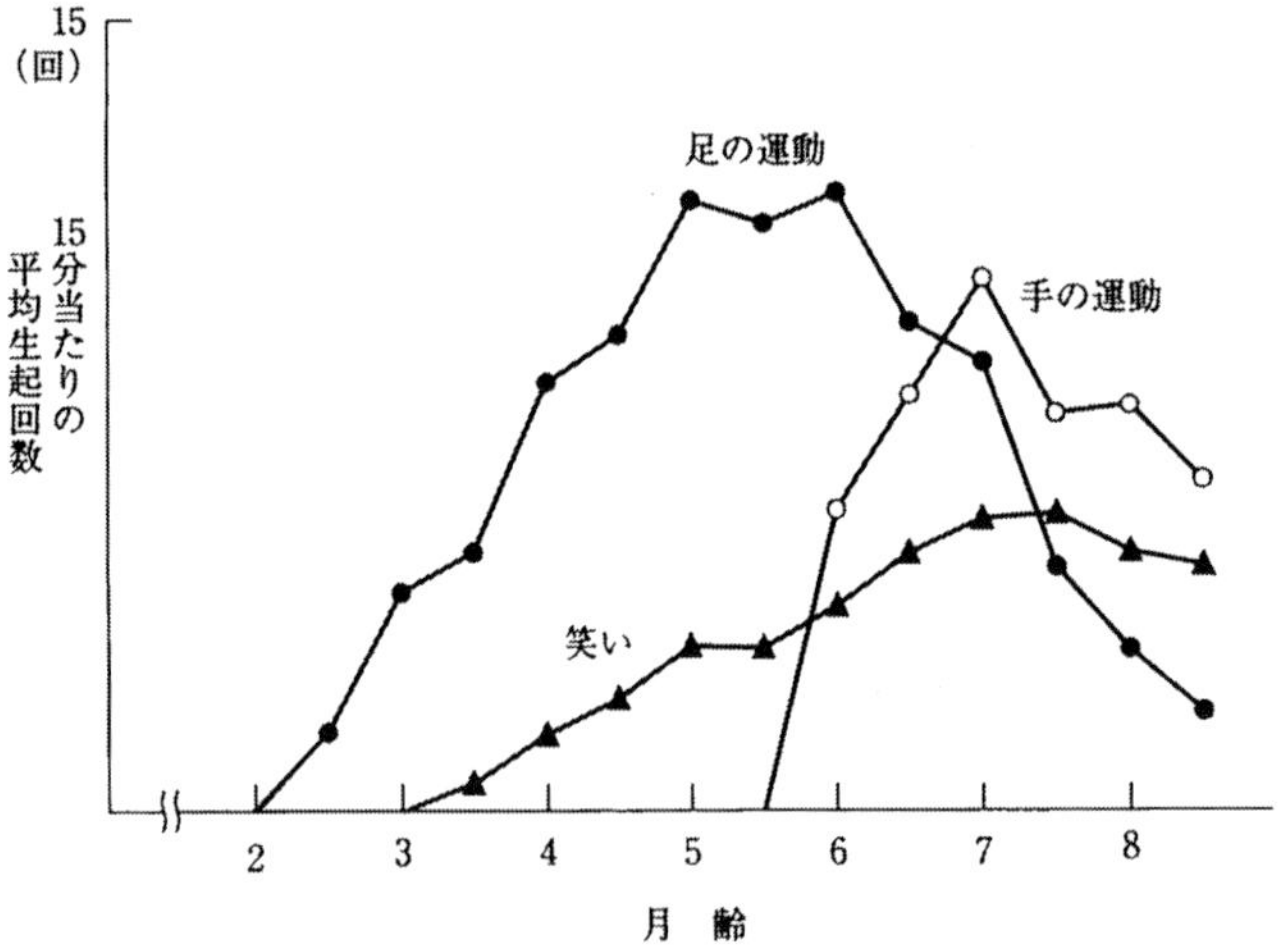

図 2-1　リズミカルな手と足の運動、および、笑いの月齢ごとの生起回数
(正高信男「笑いの“進化”」『言語』23巻12号，1994，大修館書店)

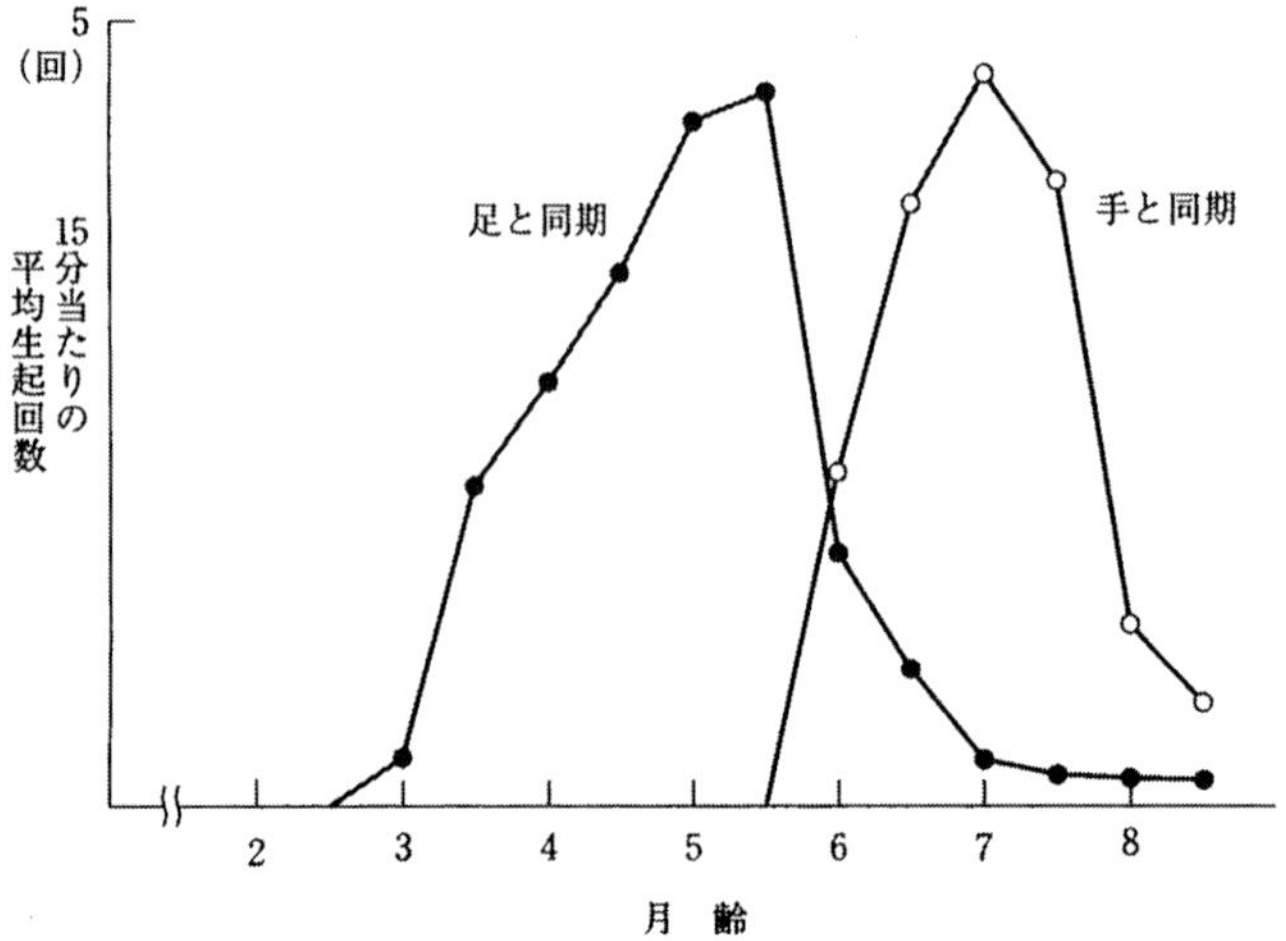

図 2-2　足と手のリズミカルな運動と同期して生じた笑いの月齢ごとの回数
(正高信男「笑いの“進化”」『言語』23巻12号，1994，大修館書店)

し、発声器官の発達をまって笑いが出てくると図2-2のように笑いは足や手の動作は同期して起こる。生後五―六カ月で頻度がピークに達する足蹴りは以後減少し、図2-2のようにバンギングと呼ばれる手のリズミカルな動きにとって代わられる。この手の動作も笑いと同期するがやがて喃語という正式の言語が出現すると乳児のハッハッハッという笑いは喃語にとって代わられ、手の動作との同期は失われる。

この研究は狭い意味での笑いではなく、正高の言葉によれば「哄笑とでも書くのが最も適切だろうか『ハッハッハッ』という特有の断続的な呼気を伴う運動のこと」であるが一つの知見であろう。

こう考えてくると威嚇に端を発する優越の笑いに代表される「快の笑い」も、有害物質を吐き出す唇の形に発する「社交上の笑い」も、共に哺乳動物の歯をむき出す動作に始まるが、それらが進化の上で初めてはっきりと認められる笑いはサルにおいてである。そしてサルではコミュニケーションの意味をもつ「社交上の笑い」ははっきり認められるが「快の笑い」はまだその原形としての「遊びの表情」が存在しているに過ぎない。

「緊張緩和の笑い」については動物にそれに相当するものを取り上げて、はっきり指摘した研究は見当らない。しかしサルの行動の観察をしている研究者たちは「社交上の笑い」に際しても「快の笑い」についてもその直前に緊張を伴う状況があることで意見が一致している。「社交上の笑い」の始まりである「劣位の表情」は上位のサルにみられるのであるから当然緊張状態が先行するし、この歯をむき出しにする表情は多くの霊長類で嫌な刺激に直面したときや逃避しなければならない情況でみられることからも緊張を意味する側面をもつ表情であることがみてとれる。

また「遊びの表情」も社会的な緊張をやわらげる意味をもつことも指摘されている。つまりサルでは「快の笑い」にも「社交上の笑い」にも「緊張緩和の笑い」がオーバーラップしていると思われる。人間では第一章で述べたようにまず「快の笑い」があらわれ、五—六カ月後に「緊張緩和の笑い」と「社交上の笑い」が形成されてくる。

それではこの三種類の笑いはどれが原形なのであろうか？　この点についてはまだ明確な意見はないが、動物行動学者の蔵琢也は最近の論文で笑いの原形は「あざ笑い」であり、それにより笑われた者の社会的な地位が落ち、逆にあざ笑った者の地位や影響が上がることが笑いの主な目的であると述べているが、これは「社交上の笑い」が最も大切との考えである。筆者はこれらの三種の笑いはそれぞれ別のもので、人間の主な内面表出の場が顔であるため表現形として笑顔という共通な形をとってあらわれるという推論を次章で述べるが、もしそうなら三つの笑いがそれぞれ別々の起源をもっていても不思議はなく、その場合「笑いの原形」というのは存在しない。そう考えた上であえてその重要さを比較するとすれば、生物としての人間の生命維持の上からは「緊張緩和の笑い」の果たす役目が最重要ではないかと思っている。緊張—緩和、それに伴う交感神経優位—副交感神経優位という自律神経系のリズムは生存に必須なものであるからである。

しかしこれがすべての笑いの原形であるという根拠はない。動物にこの笑いを明確な形で見出すことはできないし、人間でもこの笑いの出現は生後五—六カ月を待たなければならないからである。

「社交上の笑い」と「快の笑い」を比べてみると生存のための重要性からみると「社交上の笑い」の方が大きいと思われる。なぜなら「社交上の笑い」は群れや社会の中で生きていくためには非常に重要なものであるのに比べて、快の表出は重要性が小さいと思われるからである。事実サルにみられる二つの笑いはともにコミュニケーションのためのものである。

ところが人間では哺乳後の「快の笑い」がまず出現する。つまり系統発生の上では「社交上の笑い」が、個体発生の上では「快の笑い」がまず出現している。もちろん「快の笑い」が社交上の意味をもち、人間では区別しがたく入りくんでいることも忘れてはならないし、発生上で先に出現したものがより重要とは限らない。いずれにしろこの三つの笑いのいずれが原形であるかの結論は出すことができない。

このようにみてくると笑いの起源はまだ霧の中である。しかし繰り返しになるが、筆者はこの三種類の笑いはそれぞれ別の起源をもっているものではないかと考えている。

文　献

・志水　彰・角辻　豊「表情」『こころの科学』1、こころの生理、島薗安雄、宮本忠雄編、一八六―二〇二頁、日本評論社、一九七五年。
・正高信男「笑いの〝進化〟」『言語』23、二〇―二七頁、大修館書店、一九九四年。
・蔵　琢也「ヒトの笑い」『ｉｍａｇｏ』6、一七六―一八五頁、青土社、一九九五年。

第三章　笑いの分類と心的メカニズム

モナ・リザの微笑の中には、二つのあい異なる要素が一緒になっているらしいという予感が、幾人かの判断者の注意をひいてきた。そこでかれらは、この美しいフィレンツェの女の表情の中に、女性の愛情生活を支配している矛盾、つまり内気と誘惑との最も献身的なやさしさと、向こう見ずに要求し、男をまるでなにか未知のもののようにくらいつくす官能性との、あの矛盾対立の完璧な表現を見ようとする。

――フロイト――

Ⅰ　笑いの分類

「笑い」についてちょっと考えてみても、大笑い、微笑、冷笑、嘲笑などいくつかの大きさや質の違う笑いが頭に浮かぶ。

このため笑いを分類する試みも多く行われてきた。笑いの分類の中で最も普遍的なものは、「笑い」

（Laughter）と「ほほえみ」（Smile）の二つに分けるやり方である。この二つの主な差異は笑い声の有無である。さらに「笑い」では笑い声のみならず、身体を動かしたりジェスチャーを伴ったり顔を輝かせたり涙を出したりして、顔の表情以外の身体変化が起こるが、「ほほえみ」ではほとんど顔の表情の動きに限定されるし、顔の表情の動きもほほえみの方が小さい。つまり笑いとほほえみは笑い表出の大きさの差であるといえる。

また「意志の笑い」と「感情の笑い」という分け方もよく用いられる。前者は皮肉な笑いなどに代表され、後者は楽しくて爆笑するなどである。

筆者は、**表3-1**のように笑いを「快の笑い」「社交上の笑い」「緊張緩和の笑い」に三分し、さらにそれぞれ下位分類を行っている。まずそれについて説明する。

表3-1　笑いの分類

I	快の笑い
	①　本能充足の笑い
	②　期待充足の笑い
	③　優越の笑い
	④　不調和の笑い
	⑤　価値低下・逆転の笑い
II	社交上の笑い
	①　協調の笑い
	②　防御の笑い
	③　攻撃の笑い
	④　価値無化の笑い
III	緊張緩和の笑い
	①　強い緊張が弛んだ時の笑い
	②　弱い緊張が弛んだ時の笑い

1　笑いの分類

①　快の笑い

笑いの個体発生からみると、生後三週間の乳児が哺乳の後満足してニッコリするのが人間の笑いの原形であると考えられるが、これは満足による快の感覚の表出と思われ「快の笑い」の基本的な形である。その後成長に伴う精神機能の変化により、「快の笑い」はさまざまな形をとるようになる。

本能充足の笑い　乳児の哺乳後の笑いに代表されるが、成人にあってもこの笑いはしばしばみられる。食欲に関連したものでは、食事に満足して仲間に「おいしかったね」という時には、ほほえみが常に伴うし、一人で食事を終えたあとでもほほえむことが多い。特に満腹時にはそうである。便秘の後、快便が出たときにも「スッキリした」とニコニコする。性欲に関してはその充足の後はほほえみがあらわれる場合が多い。この場合も、快便が出た場合も、行動だけを取り上げると「緊張緩和の笑い」ともいえるが、その原因となったのは本能充足である。

性に関してはそれに関連した話、いわゆる下ネタを話するだけで親しい間では口許が緩みっぱなしになるが、これも本能充足に関連しているためと思われる。秋田県の向坂遺跡という縄文遺跡にある岩偶は、豊かな地域での「本能充足の笑い」をうつしたものとされ、「笑っている遺跡」の名で知られている。

もう一つの本能と筆者が考えている睡眠についても、十分眠って起きると「ああよく眠った」とニッコリする人が多い。

期待充足の笑い　この笑いには精神的な要素が強い。入試に合格したとき、スポーツの試合に勝ったとき、懸賞小説に応募して当選の報せを受けたときなど、日常生活をさまざまに彩る笑いである。

この笑いの大きさは、それに費やした時間や努力の大きさ、期待の大きさ、意外性などに比例して大きくなる。そしてこれらの条件が満たされると笑いの中で最も大きな笑いとなる。強いと評判の高校野球のチームのエースにとって地区予選をコールドゲームで勝ったときの笑いはさほど大きくない。しかし甲子園の優勝戦で一—〇の九回裏のピンチで最後の打者を三振にとって勝った瞬間には、飛び上がり、顔をくしゃくしゃにし大きな笑い声をあげ笑う。野球のように喜び合う仲間がいるときには特に大きな笑いとなる。

優越の笑い　人事異動によって、ライバル視していた相手より自分が先に部長に昇進したことを知ったり、商売仇より自分の年収が多いことがわかったりすると一人でいてもニッコリと「優越の笑い」を浮かべる。真面目に働いてうだつの上がらぬ相手の話を、うまく立ち回ってボロ儲けをしている人が、口許をほころばせながら聞くなどもこの笑いである。落語や漫才ではおろかもの、あわてもの、人並みはずれたケチのため結局損をする人など、ささいな欠点をもつ人が登場し、いろいろな失敗をする。この失敗を観客は「自分ならそんなことはしない」という優越の感じで見て笑う。筆者の見たテレビドラマで、近所の団地の主婦数人が集まって、井戸端会議をしており、団地の向こうにある立派な一戸建ての並ぶ住宅街の中でも際立って大きい家のことが話題になった。

「でもね、あの家の一人息子は登校拒否で、ずーっと、学校に行っていないんですって」

「へー、うちはお金はないけど三人の子供は学校を休んだことはないわ。元気だけが取り柄よ」

「私のところもそう、それが一番よ」と主婦たちはニンマリとしあった。

これも住宅の大きさに象徴される経済上の劣等感を補う「優越の笑い」である。後に述べるように名探偵シャーロック・ホームズの笑いはこの「優越の笑い」が多い。

なお嘲笑にも優越感が関与するが、これは後に「攻撃の笑い」として取り上げることとし、ここでは優越感が快の感情につながるものをとりあげた。

不調和の笑い　その場面の流れから当然期待されるのと異質な行動は笑いをさそう。たとえば、「成敗するぞ！」とサッと鞘を払い振り降ろした刀が、折れた竹光であったなどである。言葉や場面の意味の取り違えもおかしみを誘い、ジョークや舞台でよく用いられる。アメリカへ旅行した日本人の話を脚本家の織田正吉の本から紹介する。
この人が、ボストン行きの汽車の切符を買うため「ツーボストン」(to Boston) といったところ、窓口の係員が「ボストン行き二枚」(two Boston) と聞いて二枚の切符を出したため、前置詞の使い方を間違ったと思い、あわてて「フォーボストン」(for Boston)といいなおすと、これを four Boston と聞き違えて、四枚の切符が出てきた。さらにあわてて「エート、エート……」と困っていると eight

と聞いて八枚出てきた。これは意味の取り違えのおかしさの典型である。

価値低下・逆転の笑い　発想も独創的、計画も正確、外国人との交渉も流暢な英語でこなすなどあらゆる点で有能な課長を、一人の部下がデパートでみかけた。その時課長は、太って横柄な妻に荷物を一杯もたされ「正男！」と呼び捨てにされオドオドしていた。これが会社の帰りの一杯飲み屋で同僚に報告されると、皆が顔を輝かせて大声で笑った。といったシーンはサラリーマンの飲み屋街でよくみられる。これは極めて高かった課長の価値が、急に下落したことによる「価値低下の笑い」であり、心理的には「優越の笑い」に通じる。テレビのコントなどでは、威張って訓示しながら歩いていた社長が、氷に滑って不様にひっくり返るなどの形をとる。

高名な哲学者である梅原猛によれば夏目漱石の『我輩は猫である』では、一般には人間より下にみられている猫が、人間を見下してそのおろかさを笑うという点に、おかしさが生じると述べているが、これは「価値逆転の笑い」である。これを示す一部を紹介すると、

……第一、足が四本あるのに二本しか使はないと云ふのから贅沢だ。四本であるけば夫丈はかも行く訳だのに、いつでも二本で済して、残る二本は到来の棒鱈の様に手持無沙汰にぶら下げて居るのは馬鹿々々しい。是で見ると人間は余程猫より閑なもので退屈のあまり斯様ないたづらを考案して楽しんで居るものと察せられる。但可笑しいのは此閑人がよると障はると多忙だ多忙だと触れ廻はるのみならず、其顔色が如何にも多忙らしい、わるくすると多忙に食ひ殺さ

れはしまいかと思はれる程こせついて居る。彼等のあるものは吾輩を見て時々あんなになつたら気楽でよからう抔と云ふが、気楽でよければなるが好い。そんなにこせ〳〵して呉れと誰も頼んだ訳でもなからう。自分で勝手な用事を手に負へぬ程製造して苦しい〳〵と云ふのは自分で火をかん〳〵起して暑い〳〵と云ふ様なものだ……。（『筑摩現代文学大系12』より）

② 社交上の笑い

顔の表情は人間のコミュニケーションの上で極めて重要であり、言葉を上回る情報量をもち人間関係の上に重要な役割を果たすが、その中でも笑顔のもつ意味が大きい。「社交上の笑い」は人間関係を円滑に行うためのものが数の上では圧倒的に多いが、一部は攻撃の手段としても用いられている。これをさらに以下のように分ける。

協調の笑い　「あいさつの笑い」をその代表とする。われわれは他の人と出会ったとき、特にその人と何らかの交流をもとうとしている時には、まず「おはようございます」「こんにちは」とほほえむ。これは必ずしも快の表現ではなく、とりあえず交流を始めるときに「これからあなたと仲よく話していきたい」というメッセージを伝えることが大部分であり、協調の意志の表現である。

初対面の時などは、相手がどんな人かわからないので、はじめからずっと真面目な顔でいるとなんとなく雰囲気が重苦しくなるが、ニッコリほほえみ合うことにより感情的な距離が縮まり意志の疎通もスムーズになる。心理学で「笑いの伝染」と呼ばれている現象も笑いの協調性をあらわしている。これは他人が笑うと自分も笑顔をつくる、笑ってしまうという現象で、お互いに笑いあうことによりより交流がスムーズになる。このことは必ずしも相対している人同士でなくても起こり、ビデオの笑顔をみている人が笑顔になったり、テレビや映画の画面に笑い声を前もって入れておいた方が、見る人がよく笑うなどのことがわかっている。この「協調の笑い」は他の種類の笑いに比して圧倒的に多く、状況にもよるがわれわれの一日の笑いの半分はこの笑いで占められる。

防御の笑い　自分の心の内面を知られたくないときなどに浮かべる笑いで、相手が自分の中に入ってくるのを防御する役割をもつ。筆者は先日、絵画の展示即売会にあまり買う気もなく出かけた。途中気に入った絵があり、熱心に見ていると係員に「お気に召しましたか？」ときかれた。お気に召してはいたものの、高価な絵なので軽々しく気に入ったといって買う羽目になってはたまらないと、「ええ、まあ」と曖昧にほほえみを浮かべ、係員がそれ以上聞くのを防いだ。逆に知人の絵の展覧会などでは、よいものが見当らなくても感想を聞かれると曖昧にほほえむことにより、自分の内面をかくし、相手に不愉快な思いをさせないのもこの笑いの効用である。いわゆるジャパニーズ・スマイルには相手を傷つけないためのものや、当惑や嫌悪の表情をかくすためのものが多いが、これもこの「防御の笑い」に入る。

攻撃の笑い　冷笑、嘲笑に代表される笑いである。「攻撃の笑い」の威力は大きく、これが笑いの原形であるとする学者もある。われわれは小さい頃から「人に笑われないように」することを教えこまれるが、一部の人々にとってはこれが最も重要な行動上の規範の一つとなっている。かつてグリーンランド・エスキモーでは嘲笑合戦が裁判で行われた。告訴した人およびされた人は、関係者の面前でかわるがわる相手を嘲笑し、より多く嘲笑った方が勝訴した。

武器として笑いを用いるのは大人よりも子供の世界に多い。言葉を話せるようになってしばらくすると、子供たちは他の子供や大人の身体的欠点や行動などを嘲笑うようになる。攻撃性が高く、他人を攻撃するのは人間本来の姿であろうから、子供は当然このような笑いが多くなる。しかしやがて子供たちは、そのような態度はつつしまなければならないと教えられることにより表面上の数は少なくなる。つまり教育により抑制される。

しかし大人の社会でも「攻撃の笑い」は意識的にしばしば用いられる。そして冷笑の一瞥はそれまでの無数の言葉を上回る威力を発揮することがある。

価値無化の笑い　筆者はある一日、JR大阪駅の噴水のある待ち合わせ場所で、数十組の待合せの場面を観察した。時計を何度もみたり、イライラと歩きまわったりする仕草から、相手が遅れていると思われる人を注意していると、やがて相手があらわれ「やあー、ごめんごめん、ハハハ……」と例外なく笑った。こうした何か小さな都合の悪い状況で人間は笑う。これは笑うことによって目の前に起こった具合の悪い状態を「価値なきもの」にしよう、なかったことにしようという作用をもつ笑いであり、「価値無化の笑い」である。「笑ってごまかす」ことも日常生活で多い。そして「ハハハ……」と笑うことが、真面目にクドクドと都合の悪いことに至った理由を説明するよりも有効であることもしばしばである。

志賀直哉著の『暗夜行路』の笑いを梅原猛は詳しく分析しているが、ここではこの小説の中の「主人公の追憶」の文での笑いを紹介する。文中の「私」は主人公の時任謙作である。

……私はたうとう我慢しきれなくなつて、不意に烈しく泣き出した。

父は驚いて振り向いた。

「何だ、泣かなくてもいい。解いて下さいと云へばいいぢやないか。馬鹿な奴だ」

解かれても、未だ私は、なき止める事が出来なかつた。

「そんな事で泣く奴があるか。もうよし〳〵。彼方《あっち》へ行つて何かお菓子でも貰へ。さあ早く」

かう云つて父は其処にころがつて居る私を立たせた。

私は余りに明ら様な悪意を持つた事が羞かしくなつた。然し何処かに未だ父を信じない気持ちが私には残つて居た。

祖父と女中とが入つて来た。父は具合悪さうな笑ひをしながら、説明した。祖父は誰よりも殊更に声高く笑ひ、そして私の頭を平手で軽くたたきながら「馬鹿だな」と云つた。

（傍線筆者・『筑摩現代文学大系20』より）

謙作は、祖父と母とのあいだの不義の子であるが、謙作はそれを知らない。父はもちろん知っていて謙作にかくれた憎しみをもっている。しかしこの日は珍しく、謙作と相撲をとって遊ぼうという。謙作は喜ぶが、父は相撲でも負けてくれないばかりか謙作を突きたおして両手をしばってしまい、謙作は泣きだす。そして引用の文となる。

引用の文の最後の傍線の二行にみられる父や祖父の笑いは、目の前で起こっている自分たちに都合の悪いことを、意味なきものにしようとする「価値無化の笑い」である。この笑いにより父は自分の行為をごまかそうとし、祖父はその背景にある事実を隠そうとしたのである。

③　緊張緩和の笑い

古くアメリカの哲学者・心理学者であるジョン・デューイが、笑いを「呼吸器官と発声器官を通して生じるところの突然の緊張の開放」と定義したように、精神的および身体的緊張を緩和する笑いは、生体の健全な機能の維持のためには極めて重要な笑いである。この笑いはその強さによって二分した。

強い緊張がゆるんだときの笑い　氷で滑る危険な崖道をうまく通り過ぎ、ホッと緊張が緩むと誰しもほほえむ。映画では敵機の爆撃を受け、じっと防空壕のなかにひそんでいた兵隊が、敵機が去るとホッとしてニッコリするとか、緊張を要する手術を終わったあとの外科医が、その手術の結果にかかわらずほほえんでいるなどの場面が写し出される。また、厳粛で長い葬式が終わったときにそっとほほえむ人は多い。筆者は先日、甲子園の高校野球の優勝戦をテレビでみていた。優勝校となるチームの投手は好投を続けていたが、終盤に四球を連発して満塁のピンチを迎え緊張の極にあった。このとき捕手がかけ寄って、ひとことふたこと話をするとニッコリした。以後リラックスした表情となりコントロールを回復してピンチを乗り切った。このほほえみは心身の緊張をほぐす本来の投球を取り戻すのに極めて有効であった。

赤ん坊をすこし投げあげてそれを受けとめてやると、はじめは赤ん坊は緊張してもちろん笑わないが、繰り返しやってもらううちに、声をたてて笑うようになる。これは必ず受けとめられるとわかることにより起こる「緊張緩和の笑い」であるし、ジェット・コースターに乗って大声で笑っている若者の笑いも同質のものである。

弱い緊張がゆるんだときの笑い　弱い緊張―弛緩による笑いは、与えられた刺激にまず少し驚いて緊張し、次にすぐそれが無害、または愉快であることに気づいてホッとして安心、弛緩したことにより生じる笑いである。典型的な例としては、自分の知らないものごとのいわれを聞かされ、「へー、そうですか。ハハハ」などがあげられる。

緊張の緩和は、われわれの日常生活での精神の健康を保つ上で大切である。またそれは同時に自律神経系が交感神経優位から、副交感神経優位へとうつるリズムを伴い、身体的な健康にも極めて重要であり、われわれは無意識にそのリズムを求め作り出している。まじめな講演でも、一時間に一、二回は笑いが起こってリラックスする話のほうが、緊張一方のものより効果があがるとよくいわれるが、それはこのためである。

ある心理学の実験を紹介する。こわい物理の先生が難問を出した。あてられても答えられず、叱られそうな場面である。この時の生徒の顔は緊張している。やがて一人があてられると、あてられた当人は緊張の極に達するが、他の生徒はほほえむ場面がビデオに映されていた。これも「緊張緩和の笑い」である。

ダジャレの一部にはこの笑いがある。たとえば「金網の上に、餅とメザシと銀杏をのせて火にかけると、どれが一番先に焼けるか？」「答えは、金網」といったものがよぶ笑いはこの笑いである。つまり、はじめは「おや、どういう意味かな？」と弱い緊張が生じ、やがて意味がわかって「なーんだ」とそれがゆるむことによって起こる笑いである。

こうした弱い緊張の緩和による笑いも日常生活で多く見受けられる。またくすぐりによる笑いも反射的要因が強いが、弱い緊張緩和によるものと考えられる。

以上筆者による笑いの分類を紹介してきたが、すべての笑いがこの分類のどれか一つに属するとすることはできず、二つ以上の笑いの性質を兼ね備えていることも多い。たとえば、入学試験合格の発表をみた時の笑いは、長い間の努力がむくいられた「期待充足の笑い」で、「快の笑い」の一つではあるが、同時にその直前の「通っているかな？」という緊張状態のゆるんだ「緊張緩和の笑い」でもある。

また先日聞いた漫才では、有名タレントのやりとりで

「あそこの女の人はデブでブスやなあ」

「あれはおまえの奥さんや」

というやりとりがあり、観客は大いに笑った。この笑いは、舞台上の有名芸能人の夫人がデブでブスであることに対する観客の「優越の笑い」と、ふつうは他人にいわないような失礼なことをしゃべり、しかもそれが結果としては何のトラブルも起こさないことによる「緊張緩和の笑い」である。

2 その他の笑いの分類

共同研究者であり精神科医の角辻豊は、発達の見地から笑いの分類をしており、笑いを「正常な笑い」と「異常な笑い」に分け、さらに「正常な笑い」を図3-1のように分類した。

まず発達的には下等で、本能的な「不随意の笑い」と、高等で社会的な意味の強い「随意の笑い」に分ける。

「不随意の笑い」をさらに「脱抑制の笑い」、「快楽の笑い」、「少しの驚き・発見の笑い」に三分する。

「快楽の笑い」は本能的で発達上は原始的ともいえる笑いであり、さらにそれは、「快楽充足の笑い」と「快楽予期の笑い」の二つに分かれる。「快楽充足の笑い」は本能が充足されたときに出現し、「快楽予期の笑い」は、かなり高い確率で快楽の実現が予期されるとき、あるいは単に快楽が連想されるときに出現する。

「少しの驚き・発見の笑い」は、与えられた外来、あるいは内因性の刺激にまず少し驚き、思わず

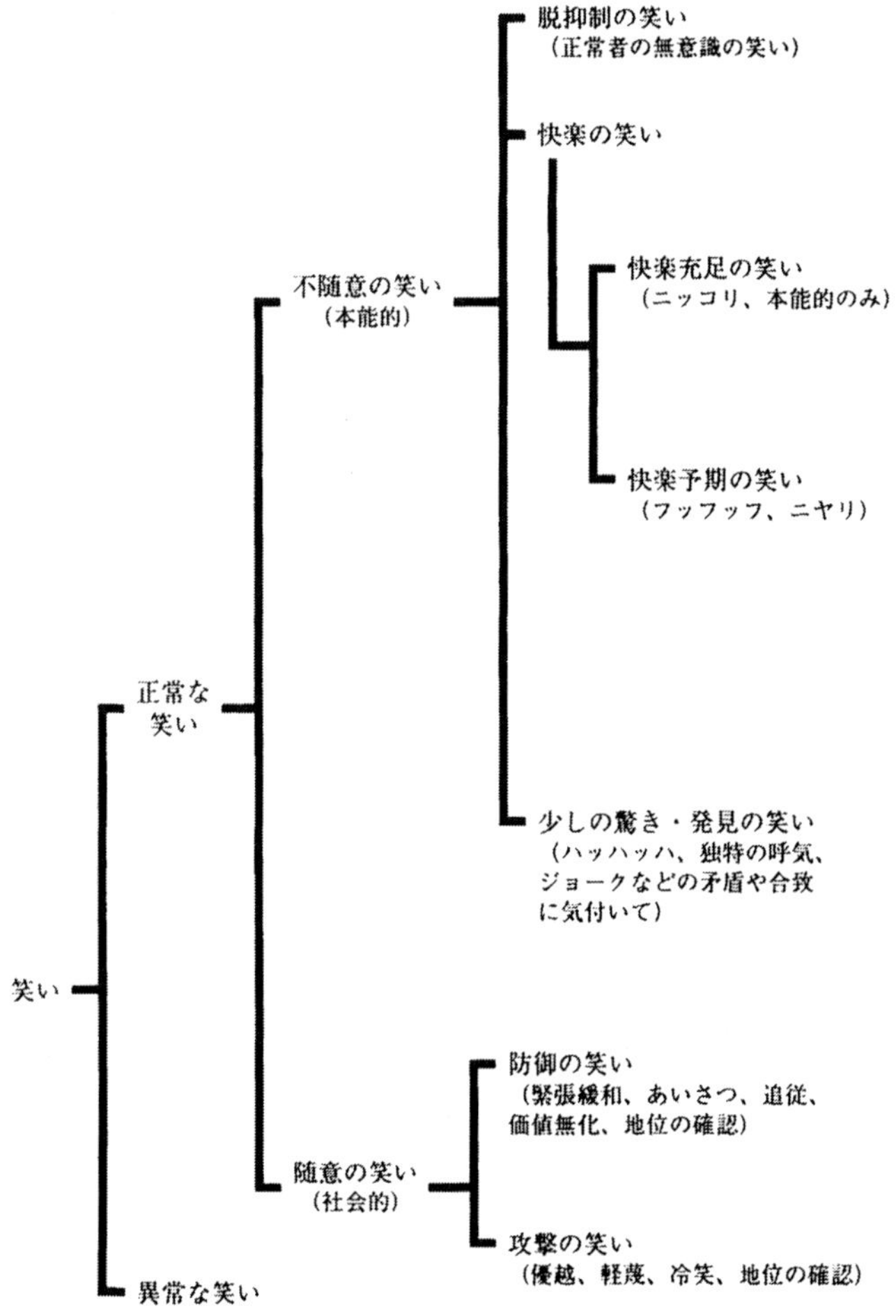

図 3-1　生物学的にみた笑いの分類
（角辻　豊『笑いの力』1996，家の光協会）

息を短く吸って止める。次にその刺激が無害または愉快であることに気づいて安心し、ホッという言葉の通り少し息をはく。これが第一回目の「アッ」または「ハッ」という呼気をもたらす。そしてこの一連の心と身体の反応を繰り返す結果、短い呼気の断続となり、「アッハッハッ…」と笑うことになる。

「随意の笑い」は意志の笑いであり、情報伝達の手段である。このためあいさつ、追従、優越、軽蔑、地位の確認など多様なものが含まれる。

文化史を研究している和光大学の松枝到は、新生児にみられるような生理的な笑い、コミュニケーションの意味をもつ社会心理的な笑い、くすぐりなど外的刺激による身体の笑いの三つがあると考え、さらに細分して図3-2のような笑いの分類を示している。

また落語家の桂枝雀は笑いを次の四つに分類している。

（1）知的な笑いである「変」つまり変なことを笑う

（2）情的な笑いである「他人のちょっとした困り」

（3）生理学的な笑いである「緊張緩和」

（4）社会的あるいは道徳的な笑いである「他人の忌み嫌うこと」「エロがかったこと」

そしてその基本は「緊張の緩和」であり、他の笑いも最終的にはこの形で笑うとの意見を述べている。

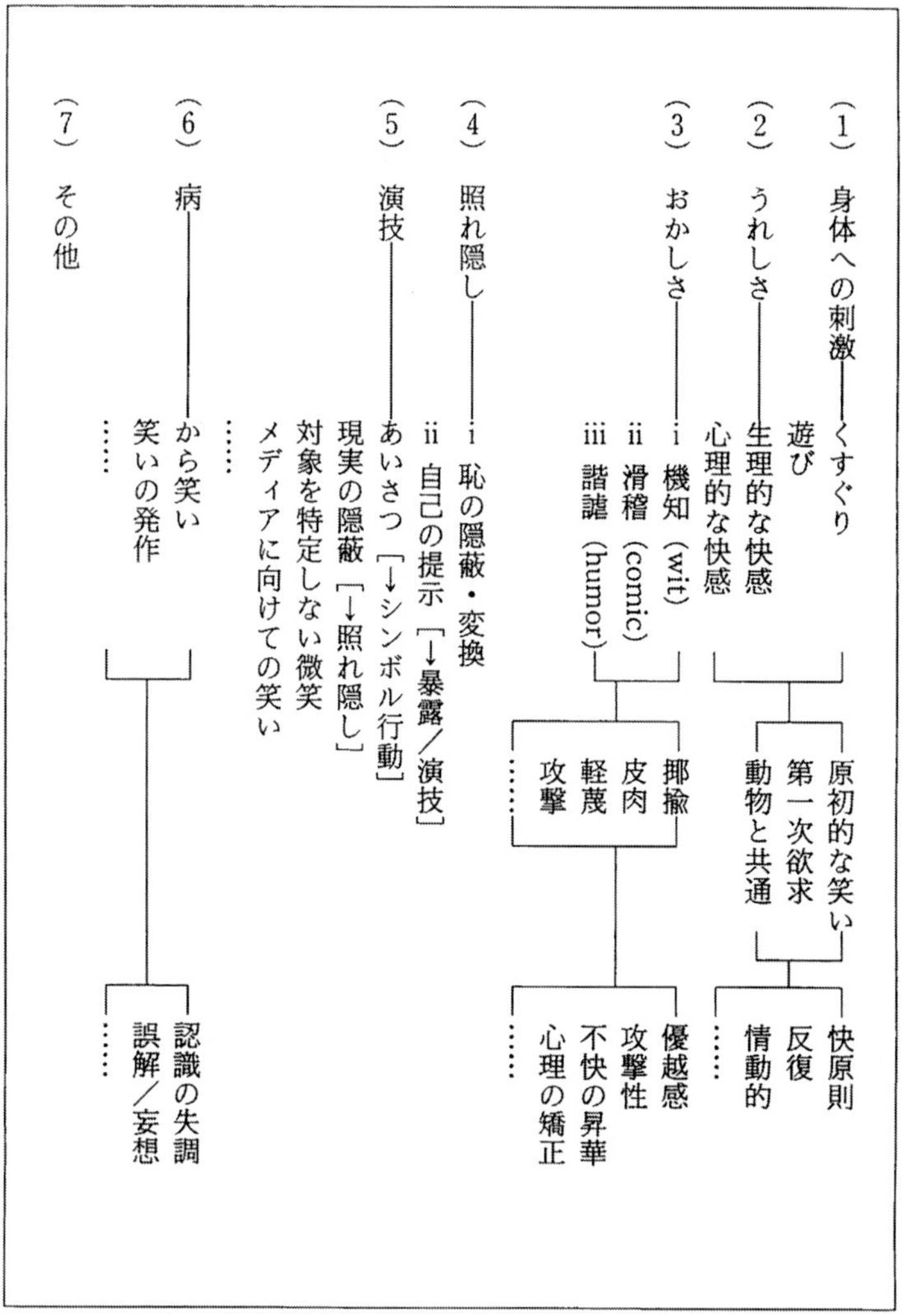

図3-2　笑いの構造
（西村・松枝『笑う人間/笑いの現在』1994，ポーラ文化研究所）

最後にコミュニケーション論の専門家、橋元良明は、笑いのコミュニケーション的機能を、その効用が自己完結し、相手の存在は副次的な対自機能をもつものと、はじめから他者に働きかけることが動機となっている対他機能をもつものに大別し、次のように分けている。

対自機能

（1）感情表出

（2）緊張解放

（3）心理的安全弁（諦観・自棄）

対他機能

（1）攻撃的機能（威嚇、軽蔑、価値の引き下げ、優越感の誇示）

（2）社交的機能（挨拶、親愛、宥和、媚び、追従、連帯感表示、はにかみ、気配り）

（3）自己防衛的機能（当惑の迷彩、自己カリカチュア）

（4）会話進行調整的機能（応答、話題転換・オチづけ、仮人称性表示）

（橋本良明『笑いのコミュニケーション』一九九四、『言語』23巻12号、大修館書店）

また分類ではないが、日本語には主として中国語に由来する笑いをしめす言葉が極めて多く西欧圏の比ではない。しかもそれぞれの言葉のあらわす内容が微妙に異なるようである。松枝到の調査による一覧表を掲げる（表3-2）。

表 3-2

喔	[wō]	=へつらい笑う	
嗤	[chi]	=あざわらう	あざ笑って馬鹿にする（嗤侮）
哄	[hong]	=どっと笑う	哄笑
咳	[hai]	=幼児の笑い	笑いはじめた児（咳嬰）
咥	[xi]	=おおいに笑う	
哇	[wa]	=（こどもの）笑い声	
啞	[e]	=笑い語る声	わっと笑うさま（啞爾《あくじ》）
嘻	[xi]	=笑い楽しむさま	つくり笑い（嘻笑=強笑）
咦	[xi]	=吹き出す、失笑する	
嘲	[zhào]	=軽蔑して笑う	嘲笑=嘲嗤・嘲哂
嚇	[xia]	=おおいに笑う声	からからと笑う声（嚇嚇）
笑	[xiào]	=笑い	
听	[yin]	=口をおおきく開けて笑う	歯をむいて笑う
咍	[hāi]	=あざけり笑う	笑う／楽しむ
呵	[hō]	=大声で笑う	呵呵大笑／叱る（呵問）
咲	[xiào]	=しなをつくって笑う	笑の本字（元来は「咲」と書いた）
哂	[shen]	=ほほえむ、あざわらう	そしり笑う（哂笑）

（西村・松枝『笑う人間/笑いの現在』1994，ポーラ文化研究所）

3　シャーロック・ホームズの笑い

シャーロック・ホームズはコナン・ドイルの創作した名探偵であり、衆知のように並みはずれた頭脳をもっている。ホームズはあまり笑わず、時に笑うのは、自分の優越性を示す「優越の笑い」であるように感じられる。シャーロキアンである東山あかねは、六〇編のホームズの事件簿のうち、四〇％に及ぶ二四事件でホームズは一度も笑わず、残りの三六事件でも笑いは平均二・〇三回であり、全六〇編の事件簿の総笑い数が七三回で、一編につき平均一・二二回しか笑っていないことを調べている。また、二葉亭四迷の『浮雲』は、小説の長さとしてはホームズの『四つの署名』と同じくらいあり、しかも失恋物語であるにもかかわらず、一四回の笑いが描かれているのに対し、『四つの署名』ではわずか四回であると記している。そして六〇編の中の七三回の笑いのうち「優越感の笑い」が二一回であり、「いたずらの成功」が一二回としており、「いたずらの成功」も一種の「優越の笑い」と考えると七三回の笑いのうち三三回、四五％が「優越の笑い」となっている。これに対しうれしくて笑ったのはわずか一回に過ぎない。

ホームズ物語の代表作「まだらの紐」では六回の笑いがある。最初はベーカー街の事務所へ依頼人の女性がおとずれた場合である。恐怖におびえている彼女にホームズはいう。

「ご心配にはおよびません」

彼はからだをかがめて、相手の二の腕をかるくたたきながらなだめた。

「だいじょうぶです。すぐ解決できると思います。けさ、汽車でお着きになったんですね。」

「あら、わたしをご存じですの？」

「いや、あなたの手袋のてのひらの中に、往復切符の帰りの分が入っているようですね。朝早く家を出て、ぬかるみ道を二輪馬車でながいあいだ走ってから、駅にお着きになったのでしょう。」

その婦人は身体をびくとうごかし、あきれてしまった顔で私の友をみつめた。

「ふしぎなことではありませんよ」ホームズは微笑していった。

「あなたの上着の左腕のところに、泥のはねが七つはついています。しかもごく新しい。そんなところにはねが上がるのは、二輪馬車に乗って、しかも御者の左側へ腰をおろしたときだけです。」


（『シャーロック・ホームズの冒険』、阿部知二訳、創元推理文庫、傍線は筆者）


これは「優越の笑い」である。

第二、第三の笑いは依頼人の義父にののしられたときで、さらに「スコットランドヤードの下っぱのホームズ！」といわれくすくす笑った。この二つは東山は「滑稽さを見ての笑い」としているが、相手の見当違い、無智をみての「優越の笑い」に入る。さらに義父の曲げた火掻き棒を簡単にもとへもどして笑うが、これは東山は嘲笑という「攻撃の笑い」である。

最後の笑いはホームズが犯人の邸に忍びこもうとしたときにひひが突然あらわれ、珍しく少し狼狽したあと相手役のワトソン博士に低い笑い声をたてて笑いかける。これを東山はてれかくしの笑いとしており、筆者のいう「価値無化の笑い」である。つまり六回の笑いの内訳は「優越の笑い」四回、「攻撃の笑い」「価値無化の笑い」各一回である。

さきに梅原猛の夏目漱石や志賀直哉の小説の笑いの分析について述べたが、このような文学作品の笑いの分析もいろいろ行われている。

4　モナ・リザの微笑

ダ・ヴィンチによるモナ・リザの微笑はあまりにも有名である。ここでは埼玉大学の美学研究者、西村清和の意見を中心に少しふれてみたい。

最初にこの微笑について言及したヴァザーリはダ・ヴィンチがこの肖像画を描いているときはいつも歌や道化を周囲におき楽しい雰囲気を常に作るように努力したためと述べているが、この絵についてよく知られるのは単に心地よい微笑としてではなく謎めいた表情としてである。「誘惑的に微笑みかけてくるかと思えばたちまち冷ややかに生なきもののごとく空虚の中に凝固してゆくようにみえる」（ムーター）、とか「女は荘重なおちつきをもって微笑していた。征服と残忍という女の本能、種族の全継承物、誘惑と籠絡の欲求、詭計の魅力、残酷な意図を秘めた親切心、それらすべてが交互にあらわれ、微笑むヴェールの背後から消えてゆき、そして彼女の笑みの詩情が溶け込んでいた。善魔と悪魔、残忍と慈悲、慎みと猫被りをもって彼女は微笑んでいた」（アンジュロ・コンティ）

ダ・ヴィンチ「モナ・リザ」

などと称賛されている。

この絵の表情が「ほほえみ」にあたるかについては、足立和浩が「唇が横に広がり両端は軽く上方に引っ張られる」などのほほえみの形態上の定義にてらせば、唇はほほえみであるが目はそうでなく、むしろ「笑いの対極にある何ものかを表現しているようにすら見える」とし「唇許の微笑みによって受入れ、まなざしの鋭さ、深さによって拒否している。眺める者は一種の宙吊りの状態におかれてしまう」と分析している。しかもその両眼は同じものを見ていず「何ものも見ていないただの視線、焦点をもたぬ虚ろな眼玉」と記している。また唇についても左でしかほほえんでいないとする人もある。

ただこうしたほほえみはルネサンス時代の婦人の間では特異なものでなくこの頃の女性作法の書に「口もとを右隅で閉じ、わざとらしくなく無意識に微笑するかのように口を左側でひらき、これに伴って適度に控えめに優雅なしぐさで少し眼を動かすこと」とあるとの指摘もある。こうした方向からみるとモナ・リザの「微笑」はふつうの意味で笑いでなく「仮の笑い」だということになる(ヴォリンガー)。

これらの意見をふまえた上で西村はこの絵ではダ・ヴィンチの肖像画が心の内面の動きを示そうと意図されていることを指摘している。そしてモナ・リザの体はやや斜めに、顔は正面、視線はやや斜め右を向いており、これがモナ・リザが椅子にすわり、片腕を肘掛におき、わずかに顔を動かすという一連の動きをみるものに感じさせ、しかも本質的にはほほえんでいる。そしてそのほほえみは「他者に向けて一定の意味を伝える笑いに転じる前の、自己の内なる何物かを静かに受け止める」と述べている。

筆者は笑いを含む表情は常にその場の流れの中でとらえるべきもので、それなくして一瞬の表情のみを切り出すとその意味するところがわからないことをしばしば体験している。絵画はもちろんある瞬間の画像であるが画家はそれにいろいろな意味や動きを与えるように描くが、それが見るもののいろいろな想像をかきたてそれゆえに貴重な存在なのであろう。

II　笑いの心的メカニズム

古代ローマ時代を生きた修辞家、クィンティリアヌス（BC三〇―一〇〇年頃）は「多くの試みにもかかわらず笑いとは何かを説明した人はいない」と嘆いたが、二一世紀を目前に控えた今日でもその状態はあまり変わっていない。それは、たとえば恐怖が「危険が迫ったときに起こる情動とその表出」と定義できるような、一元的な定義づけが困難であるからのように思われる。いいかえれば笑いは多くの原因による多種類の精神活動の変化が最終的には笑い、笑顔という共通の形をとっているので、一元的なメカニズムが抽出できないのであろうと思われる。これについては後に触れるとしてまず現在までに提唱された笑いの心的メカニズムについての三つの有力な理論、すなわち優越の理論、ズレの理論、放出の理論のそれぞれについて触れてみることとする。

1　優越の理論

古くプラトンによって提唱され、ホッブズによって強化された理論であり笑いは他人に対する優越感の表現だとするものである。第二章に述べた笑いの始まりがジャングルでの戦いの勝利の雄叫びであったとの説はこの考えを発達の上から支持する。確かに古代ローマ人はライオンに殺されるキリスト教徒をみて笑ったし、中世の精神病患者は馬車でのりつけた金持ちたちの嘲笑の対象とされた。またすでにみたようにシャーロック・ホームズの笑いはこの笑いが多い。

歴史をさかのぼるまでもなくわれわれの日常生活でもこの理論で説明される笑いは多い。また道徳的な抑制や他人への配慮が発達しない子供の社会では他の子供の身体的欠陥や知恵の遅れや服装を笑って攻撃するのは日常茶飯事である。

嘲笑や冷笑も大人の世界で相手を攻撃するためによく用いられる。たとえば展覧会へある人の出品した絵の批評を求められて「あの絵はよく見て来たよ。なにしろあの絵の前だけ人がいなかったのでね」とニヤニヤしながらいうなどである。

しかしこうした笑いが笑いの基本形であるという考えには反対が多い。反対の一つの根拠はこのように他人を馬鹿にして笑い、他人を傷つけるのはよくないことであるとか、人間の本性に反するとかのいわば感情論である。しかし感情論を排して現実の笑いを調べてみてもこれが大部分の笑いであるとはとても思えない。たとえば宝くじに当たって笑う、街で旧友に会って笑う、くすぐられて笑うなどの笑いに優越感がその源であることは考えにくい。本章に述べた筆者の笑いの分類では

「快の笑い」の中の「優越の笑い」と「社交上の笑い」の中の「攻撃の笑い」のみがこの合致に分類する笑いであり、この二つの笑いは筆者の調査ではともに頻度の低い笑いである。

2　ズレの理論

ズレの理論は優越の理論が感情の動きから笑いを説明しようとするのに対し思考の変化の面から笑いを説明しようとしたものでパスカル、カント、ショーペンハウアーなどの哲学者によって唱えられてきた。パスカルは「予期したことと実際に見ることとの間に生じる驚くべき不釣り合い以上に笑いを生み出すものは何もない」といっているし、ショーペンハウアーは「いついかなる場合にあっても笑いの原因とは単にある概念と、何らかの関連のうちにその概念によって考えられてきた現実の対象とのズレに関する突然の知覚であり、笑いそのものはそうしたズレの表現に過ぎない」と述べている。

たとえば、笑いの研究者である織田正吉は、「子供が大きい犬にほえられて逃げた」のは当然で笑いを呼ばないが、「大人が大きい犬にほえられて逃げた」は少しおかしく、「大人が小犬にほえられて逃げた」はもっとおかしく「小犬にほえられて驚いて逃げる武士」は大きな笑いを呼ぶと分析している。

しかしすべてのズレが笑いを呼ぶわけではない。公園の小道を母親の方へ走り出した幼児が突然バイクにはねられることは確かに期待と現実のズレではあるが笑いをもたらすことはない。ズレが笑いを呼ぶためにはそのズレた結果が無害でありそのもたらす感情が小さいものに限られる。つまりある情況から論理的に当然期待されるものと異なる結果、すなわちズレが突然あらわれ、しかもそれがわれわれにとって無害であるとき笑いがもたらされるとするのがズレの理論である。

この種の笑いは確かに多い。筆者の分類では「快の笑い」の中の「不調和の笑い」や「価値低下・逆転の笑い」はこの理論で説明できる笑いである。しかしこの理論をもって笑いのすべてを説明できるものでないことは明らかであり、優越の理論で説明できないとしてあげた三つの例、宝くじに当たったとき、街で旧友に会ったとき、くすぐられたときの笑いは、この理論でもまた三つとも説明できない。

3　放出の理論

この理論は笑いの生物学的な側面からの発想であり、主としてスペンサーにより主張されフロイトによっても支持されてきた。この理論では笑いは「蓄積された神経エネルギーの発散」のため、またはその結果ということになる。性に関した話が笑いを誘うのは次のように説明される。多くの文化ではセックスに関する話や行為にはいくつかのタブーを作り何らかの抑制を加えている。このため誰かがそれを破ってセックスについて語るとき抑圧されていた性的エネルギーのいくらかが笑いとなって発散される。もっと短時間のものではたとえば地震で揺れる建物の中でじっと緊張していた人が逃げるために高めていた神経エネルギーが、もう地震はおさまったと感じてニッコリし、これによりエネルギーを放出して元の状態にもどる。この場合には身体の多くの筋肉の緊張も同時に緩むことになる。

ある種のジョークもこの理論で説明される。アメリカの哲学者ジョン・モリオールはイギリスのユーモア詩人ハリー・グラハム（一八七四—一九三六）の滑稽詩を引用する。

　モードおばさんに手紙を書いた
　そのとき彼女は海外旅行
　聞けばひどい差し込みで亡くなったあとだっただったらしい。
　もうちょっとで切手代を損せずにすんだのに

最初の三行で呼び起こされた主人公への同情心は感情的エネルギーをもっている。これが最後の行で裏切られ、見当違いであったことがわかり、それが笑いとして発散されるという理屈である。

ジョン・デューイによると「笑いは呼吸器官をとおしての突然の緊張の解除」ということになる。この笑いには意志の要素は少なく、感情や情動の変化に伴う筋肉の運動による「神経エネルギー」が変化することが主役となっている。

この理論で説明できる笑いも多く、筆者の分類の「緊張緩和の笑い」はすべてこの理論で説明できる。また「快の笑い」の中の「期待充足の笑い」もかなりのものがこのメカニズムによっている。

しかしやはりすべての笑いが説明できないことは他の二つの理論と同じである。くすぐられた時の笑いはもちろん説明できないし、「社交上の笑い」の大部分はこの理論になじまない。たとえばあいさつのための「協調の笑い」や冷笑など意志の要素の強い笑いはこの放出の理論では説明が不可能である。

以上三つの主要な笑いの理論の概略を述べたが、それらの理論のどれをとってもすべての笑いを説明できず、いずれも一部の笑いの心的メカニズムを説明するものであると思われる。

この他、現在まで提案されている他の笑いの心的メカニズムについての説はおおむねこの三つの流れに含まれる。哲学者・ベルグソンによる有名なこわばりの理論もズレの理論と放出の理論を統合し多少の新しい要素をつけ加えたものと思われるし、アメリカの哲学者ジョン・モリオールの笑いは「愉快な心理的な転移（突然の変化をさす）から生じる」という最近の主張はもう少し検証を要するように思われる。

なお関西大学社会学部の木村洋二はこれらの理論を統合したものとして笑いのダイヤグラムを提案している。それを図3–3に示す。つまり笑いは刺激が通常の情報処理の図式にズレを起こし同化機能にある種の発振をもたらして発生するとの考えである。

筆者の分類の中でここに述べた三つの理論で説明できない笑いは「快の笑い」の中の「本能充足の笑い」、「社交上の笑い」の中の「協調の笑い」、「防御の笑い」および「価値無化の笑い」である。

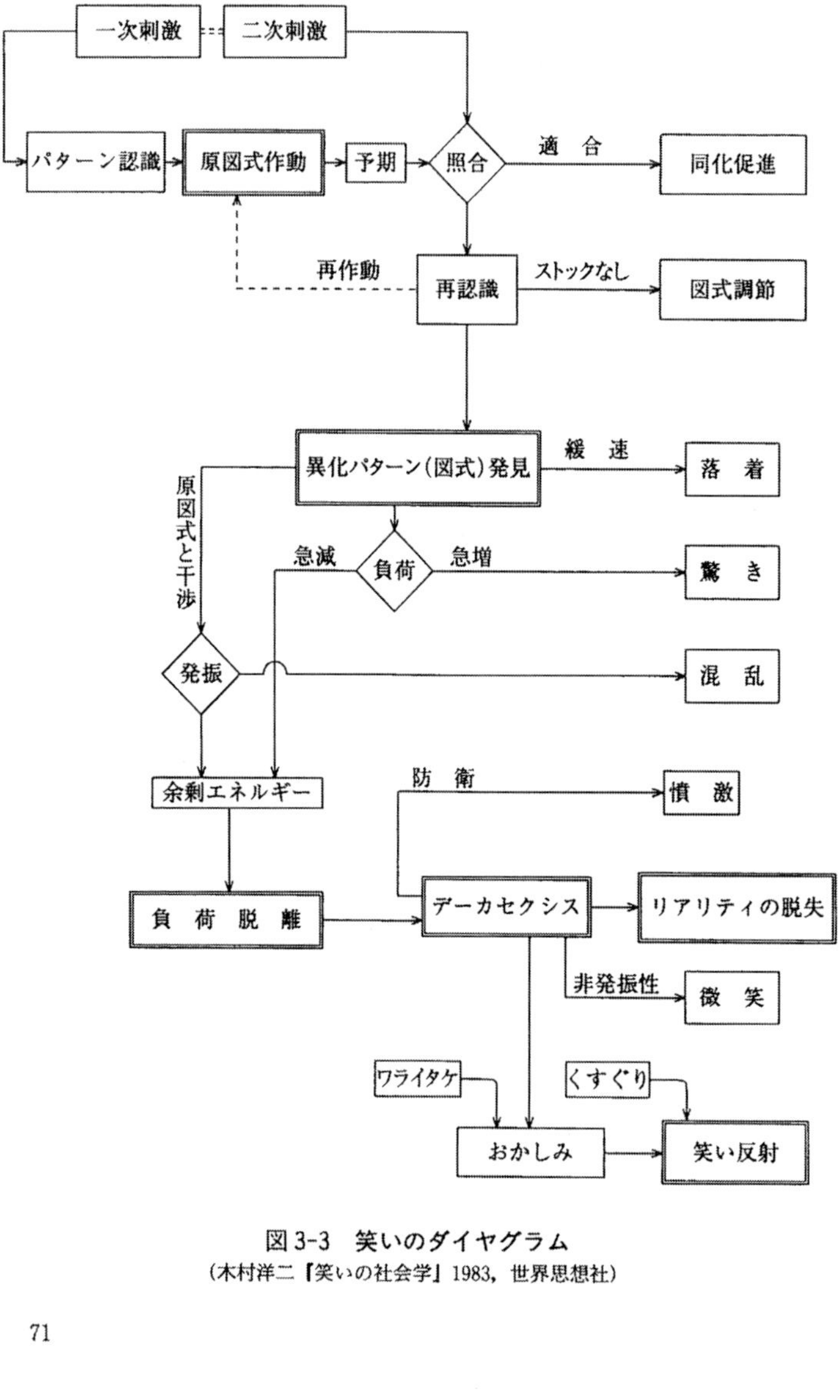

図 3-3　笑いのダイヤグラム
(木村洋二『笑いの社会学』1983，世界思想社)

「本能充足の笑い」は生物学的な基礎に基づくものであり、本質的には感情や意志の変化を伴わない。また「協調の笑い」、「防御の笑い」、「価値無化の笑い」はいずれも意志によりもたらされる社交上の手段であり言語の代理のような意味をもつ。そしてこれらの笑いは今まで主として哲学者が扱ってきた「笑い」の範疇に入っていなかったと考えられる。

このようにみてくるとはじめに述べたように一元的に笑いを説明できる理論は提出されていない。それは笑いが感情の表現でもあり、意志の表出でもあり、また生体の内面の状態をうつす鏡でもあるからであろう。つまり笑いについてはいろいろな異なるメカニズムによる何種類か——多分三種類——の精神現象の表出が、同じ形——笑顔——になっていると考えるのが妥当と思われる。顔がその舞台となるのは視覚による情報のやりとりを主なコミュニケーションの手段とする人間では感覚器官も表出器官も顔を中心にしているからであろう。ことばによるコミュニケーションにしてもその発信基地である口も、受信装置である耳も顔にある。いいかえれば人間では情報のやりとりの大部分を顔にある器官で行っている。したがって意志も感情も内部の状態も顔に最も鋭敏にあらわれるということにより三種類の異なる笑いが類似の表現形をとったと筆者は考えており、笑いのメカニズムを多元的に考える必要があると思われる。近い将来その視点から笑いのメカニズムを考えてみたいと思っている。

III　人はなぜ笑うのか

ここまで述べてきたことを踏まえて、かなりの想像を加えて「人はなぜ笑うのか」という問に対する答えを考えてみたい。

筆者は人は主として他の人々とのコミュニケーションのために笑うのだと思っている。それは他人との意志の疎通を円滑にするためのものが主である。笑顔を浮かべて相手のいうことをきき、相手に話しかけることによって「私はあなたのいっていることを理解し、受け入れようとしています」、「私のいうことをわかっていただきたい」、「私はあなたと仲良くしたいと思っています」などのメッセージが伝わり相手もその気持ちになって笑顔を返すことによりコミュニケーションがスムーズに行われる。また何もいわなくても笑顔を浮かべるだけで友好的な雰囲気ができる。逆に嘲笑、冷笑などの笑いは相手をおとしめ自分の優位を確保する力をもつが、これも一つのコミュニケーションの道具として笑いを用いていることになる。これらの笑いは筆者のいう「社交上の笑い」であるが、楽しくて笑う「快の笑い」もまた相手が笑えば楽しい気分でいることがわかるので友好的なムードが生まれてコミュニケーションはスムーズになる。

一方「緊張緩和の笑い」は必ずしもコミュニケーションの意味をもたない。それは一人でいてもその笑いがよくみられることから明らかである。そしてすでに述べたように、この笑いは人間の動物としての生体の機能を維持する上に大切な手段である。

つまりおおまかにいうと、人はコミュニケーションのためと生体の機能維持のために笑うのであろうというのが現在の筆者の意見である。

文献

・織田正吉『笑いとユーモア』ちくま文庫、一九八六年。
・角辻　豊『笑いのちから——ストレス時代の快笑学——』家の光協会、一九九六年。
・松枝　至「さざめき、あざけり、どよめき——文化装置としての「笑い」——」、西村清和、松枝　至『笑う人間／笑いの現在』七六—一六五頁、ポーラ文化研究所、一九九四年。
・橋本良明「笑いのコミュニケーション」、『言語』23、四二—四八頁、大修館書店、一九九四年。
・東山あかね「ホームズの笑い」、小林司、東山あかね編『シャーロック・ホームズ讃歌』一二—二六頁、立風書房、一九八〇年。
・西村清和「笑いの零度——ほほえみの現象学——」、西村清和、松枝　至『笑う人間／笑いの現在』八—七四頁、ポーラ文化研究所、一九九四年。
・ジョン・モリオール著　森下伸也訳『ユーモア社会をもとめて——笑いの人間学——』新曜社、一九九五年。
・木村洋二『笑いの社会学』世界思想社、一九八三年。

第四章　笑いの脳内中枢

"I was asked to give my opinion on a young boy who came from Berry to see me in Paris. During the short time he spent in my consulting room,he was taken with attacks of vertigo characterized by abrupt outbursts of laughter; these attacks lasted hardly a few seconds,and when the patient regained consciousness he seemed astonished when I asked him why he had laughed; he was unaware of having done so."

——A. Trousseau——

I　笑いの中枢

笑いは感情や意志に応じてあらわれる顔面の表情が中心である。ところで感情や意志の中枢が脳にあることは、今までの多くの事実から確実であり、笑いというその表出運動の中枢もまた脳にあると思われる。というのは身体の運動（微妙な動きも粗大な動きも）は、すべて脳の中枢から発する指令によって行われているからである。

したがって笑いの中枢は脳にあると考えられるが、脳内のどの部位にあるのかという点については未だ明確な答えがない。以下それについてのデータを紹介する。

1　笑いを引き起こす脳の疾病

普通、医学や脳科学では、動物で脳のある部位を人工的に破壊してどのような機能が障害されてくるか、またはその部位を、電気や化学物質で刺激してどのような結果が起こるかをみて、その部位の作用を推察することが多い。

たとえば人間で、大脳新皮質の右上肢の運動領野と呼ばれている部位は、動物でそれにあたる部位を電気メスで切り取ると右上肢が動かなくなるし、そこを電気刺激すると、右上肢に限局した運動が起こる。この事実は多くの動物で共通してみられ、その部位が右上肢の運動の中枢であることを示している。また人間のその部位の障害、たとえば外傷などでその領域が破壊されても同じ結果が得られる。

また大脳の優位半球（右利きの人の場合は左半球）の下前頭回にあるブローカ中枢が脳出血などで機能を失うと自発的に言葉をしゃべることができなくなるが、それはこの部位が言語中枢だからである。

ところが笑いについてはこうした実験的な研究はほとんどない。それは笑いが霊長類以外の動物ではみられないため、動物での笑いの実験的な研究がほとんどないことにもよるし、サルの笑いと人間の笑いを同じように扱えるかどうか疑問があることにもよる。

したがって人間の笑いの中枢に関するデータは、ほとんどが人間の中枢神経系の疾患から得られてきた。ここではまずてんかんの症状としての笑い（てんかん性笑い）以外のものについて触れたい。

一九三四年フェルスターらによって報告されたものが、笑いの中枢についてのデータとして最も有名である。彼らは外科医であるが、脳のほぼ中央にある第III脳室で発生した嚢胞という良性腫瘍の手術中に、第III脳室の底部の出血をふき取るたびに、患者は大声で爆笑したことを経験し、このことからその下にある視床下部が笑いの中枢であると報告した。

もっと古く一九〇〇年代の初め頃から、何の誘因もなく長い笑いが起こって、そのあと上下肢の麻痺になった例や、呼吸麻痺になった例などがあり、一九三六年のアンダーソンが報告した一時間半にわたって笑いつづけて死亡した例では、左右両側の大脳の大出血がみられている。

この他両側の大脳の広い破壊をもたらす疾患や、大脳皮質から脳幹にかけての広汎な病巣をもついくつかの疾患で笑いが報告されており、その原因としては脳外傷、脳出血、中枢神経系の梅毒などがある。デヴィドソンらの五三例についての検討では三四例（七七・二％）が、視床、視床下部、尾状核、淡蒼球、黒質などを含む間脳レベルの広範な領域にその病変部位が認められている。

また多発性硬化症、筋萎縮性側索硬化症などの、脳に加えて脊髄や末梢神経を系統的におかす進行性の難病の末期には爆発的な高笑いがよく起こるし、ニューギニアの一部にみられるクールーというウィルス性疾患は別名「笑い死病」と呼ばれ、末期には笑いが起こることが知られている。

これらの脳病変に伴う笑いは、正常の笑いと同じように笑い刺激に応じてあらわれることもあるが、笑いを誘発するとは思えない刺激で起こってくることもあり、この場合にはその場にまったくそぐわない笑いとなる。

たとえば広汎な脳病変の場合、主治医が「おはよう」とあいさつするとそれに応じて大笑いをし、それが二分―数分も続いたりする。患者にきいてもまったく楽しいことはないのに、笑いをとめようと思ってもとまらず、大きな苦痛となる。

また外部からの刺激がないときにも、本人の意志や感情と無関係に「自然に」起こってくることもある。これらは強制笑いと呼ばれる症状であり、第八章「笑いの質の異常」で、もう一度とりあげる。

人間で実験的に誘発した笑いとしては、一九六一年に脳外科医のハスラーが脳手術に際して視床の前外側腹側核を電気刺激すると、二―三秒後笑い表情があらわれ、刺激の終了とともに終ることを見出した。この間被験者は楽しい気分になったがその原因はわからないとか、エロティックな気分になったと述べ、この部位が笑いに何らかの関連をもっている可能性が示されたがこれを確かめた実験はない。

また一九七七年にノーベル賞受賞者のジョン・エクルズが、左右の脳の連絡がない分離脳をもつ被験者で、左視野のみに女性ヌード写真をみせるとくすくすという笑いが起こったが、被験者はなぜ笑ったか答えられなかった。エクルズはこれは視床下部から起こった笑いであると推論している。

これらのデータはいずれも断片的なものであり、厳密にいえば笑いの中枢が脳にあり、間脳を中心に広い範囲が笑いに関係しているらしいということがわかるのみである。しかもその笑いは病的な笑い表情が大部分であるため、本来の意味での笑いの中枢の解明にはあまり手がかりとならないというのが実情であり、むしろ次に述べるてんかん性笑いのデータが重視されている。

2　てんかん性笑い発作

てんかんとはさまざまな原因によって生じる脳の異常な電気活動によって引き起こされる発作を主とする疾病である。その異常な電気活動は異常脳波として記録できることが多いがその異常脳波が意識の中枢を襲えば意識消失となり、筋肉を動かす脳の中枢を刺激すればけいれん発作となり、めまいの中枢に至ればめまい発作となる。

つまり異常な脳波の大きさやその存在する脳の部位が発作の形を決める。このため笑いの形をとるてんかん発作の原因となる異常脳波が、どこから発しているかがわかれば、笑いの中枢の解明に役立つことが期待される。

このてんかん性笑い発作は、一九五七年にはじめてフランスのてんかん学者トルーソーによって次のように報告された（原文は本章の冒頭）。

「私はベリーから私の意見を求めてパリへやってきた一人の少年を診察した。診察室にいる短い間に彼はめまい、ついで急に笑いだすという発作を示した。二―三秒たって意識を回復した少年に私がなぜ笑ったのかと尋ねると、彼は驚いた様子を示した。少年は自分が笑ったことに気がついていなかったのである。」

以来約四〇年の間に現在の診断基準に合致する笑い発作をもつ患者の報告は約一〇〇例ある。そしてその七〇％の患者では原因となる病巣は視床下部にあるが、これは自律神経の中枢と考えられている部位である。そしてその病巣の大部分は、病理学的には過誤腫という良性の腫瘍である。これらの患者では多くは突然笑い表情が浮かび数秒―一〇数秒続く。その表情は他人には時にはほほえみに、時にはもっと大きな笑いにみえ、笑い声を伴うこともある。この間意識のないことが多く、患者の笑っている間の感情を知ることができないが、意識が清明でその間の状態がわかる場合も少数ながらあり、これらの場合快の感情はなくただ笑ってしまうと患者は述べている。

一方残りの三〇％の患者では、大脳の左右にある側頭葉という部位に病巣があることが脳波や、CTや、MRIなどの画像や、手術後の検討などによって証明されている。側頭葉の中には辺縁系と一括して呼ばれる海馬、扁桃核などが含まれ、これらは感情の中枢として知られている。これらの部位が喜怒哀楽を司ることは、五〇年に及ぶ動物実験や人間の疾病についての研究から明らかであり、これらの部位を電気刺激すると喜びや怒りを呼び起こすことや、それらを破壊すると情動障害が生じることが証明されている。

側頭葉に病巣をもつ笑い発作の患者では、多くの症例で快といっていい情動がまず浮かんでくる。これはてんかん性の異常は、電気活動が海馬や扁桃核に及ぶことによってこれらの快の感情の中枢が刺激された結果であり、外界からの楽しい刺激があったためではない。したがって本人にとっては、何の快刺激もないのに突然楽しい感情が浮かんでくることになるがこの時はまた笑いの表情はない。

この発作性の快感情は数秒つづき、このあと笑い表情が発作としてあらわれる。この時にはすでに意識消失が起こっていることが大部分であるため、笑い表情中の感情の内容はわからないが、脳波でみると快感情を感じていて、まだ笑顔が浮かんでいないときは異常なてんかん性の電気活動は側頭葉に限局されており、笑い表情が起こった時には脳全体に広がっている。

一方先に述べた視床下部に病変をもつ笑い表情の発作では、発作中の脳波は始めから脳全体にひろがった速波であり、側頭葉の発作の笑い表情のときのものと同じである。このことを模式的にあらわすと図4-1および表4-1のようになる。

発作前の状態では意識も脳波も正常である。さて側頭葉から起こる笑い発作では、発作開始後しばらくは意識は正常でこの間に異常脳波は側頭葉という快感情の中枢で活発に活動し、この結果快の感情を引き起こす。この時にはまだ意識は正常なので、この快感情を感じることができるが表情は笑い表情にはなっていない。

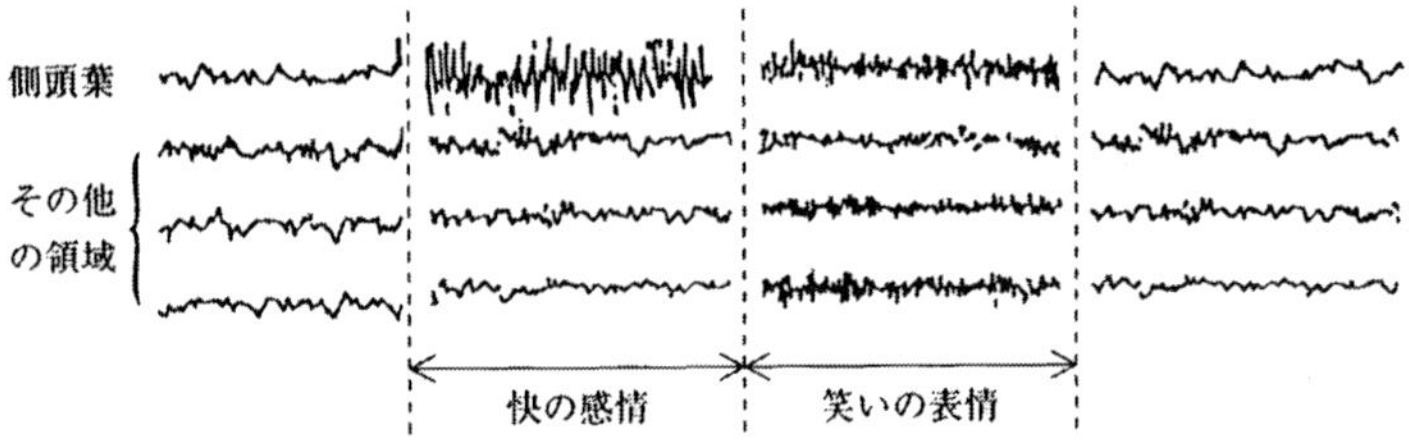

図 4-1　脳波と側頭葉起源のてんかん性笑いの関連

表 4-1　てんかん性笑いに関係した要因の相互関係

てんかん性笑い発作	発作前	発作開始	発作中	発作終了
笑い表情	なし	なし	あり	なし
快の感情	なし	あり	意識消失のため不明	なし
意識	正常	ほぼ正常	消失	正常
脳波	正常	側頭葉に異常波	全体に広がった異常波	正常

→ 時間

発作が進行すると、異常脳波は脳全体に広がり、脳幹の意識の中枢の機能をおかして意識が消失し、もはや快の感情の有無を知ることはできなくなる。この時になって笑い表情が出現する。この脳波の形と、笑い表情の出現と、意識の消失は視床下部からの笑い発作の場合と同じである。そして発作終了とともにすべて発作前の状態にもどる。

こうみてくると、断定的にはいえないが笑いの構成成分のうち、快の感情は辺縁系で起こり、笑い表情は視床下部を介して、脳の広い範囲がてんかんの病態にまきこまれたときに起こるとの推定が可能である。

この視床下部が笑い表情に強く関与していることは大笑いの時に涙が出たり、眼が輝いたり、血圧が変化したり、などの自律神経の反応が起こっている事実とよく合致する。というのは視床下部は自律神経系の中枢であり、その刺激によりこれらの変化が起こることはよく知られている事実だからである。

そこでてんかん性笑い発作の検討からは、笑いのうち感情の成分は辺縁系の活動がその源であり、笑い表情については、視床下部を含む広い脳の部位が関与しているであろうとの推論が導きだせる。つまり笑いの中枢は辺縁系と視床下部にあると推定される。

なおこれらのてんかん性笑いの場合、その原因となっている病巣を手術で除去できた場合にはおおむね笑い発作はなくなる。

なお最近になって、前頭葉起源の笑い発作の例や、視床下部の病巣を除去した後でも笑い発作のある場合が報告されており、今後これらについての検討が必要である。

3　大脳新皮質の関与

前頭葉を中心とする大脳新皮質が、人間の意志の中枢であることは膨大な証拠から明らかである。ところで人間の笑いには、意志の要素が大きく関与しており、冷笑、皮肉な笑い、嘲りの笑いなどは主として意志によって作られるし、突然の爆笑などを除くと、ほとんどすべての笑いは意志により微妙に修飾され、大脳新皮質が関与している。

これは日常経験からもわかるし、アルツハイマー病などで脳の前頭葉が萎縮して、機能が衰えた痴呆患者の笑いの表情が平板であることや、新生児で大脳新皮質が発達するにつれて、笑いが複雑なニュアンスをおびてくることからも推察できる。

4　笑いの脳内中枢

ここまであげてきたデータから笑いの中枢を推論してみよう。

図4-2に模式的に示したように感情の中枢としての辺縁系と、意志の中枢としての大脳新皮質、そして笑いの表出および自律神経反応の中枢としての視床下部の三つを笑いの中枢と考える。

さて笑いを引き起こす原因となる言葉、顔、写真、書類などの外界からの刺激は、目、耳などの感覚器を通って脳に入り、それぞれの経路を通ってこの三つの中枢に入り処理される。

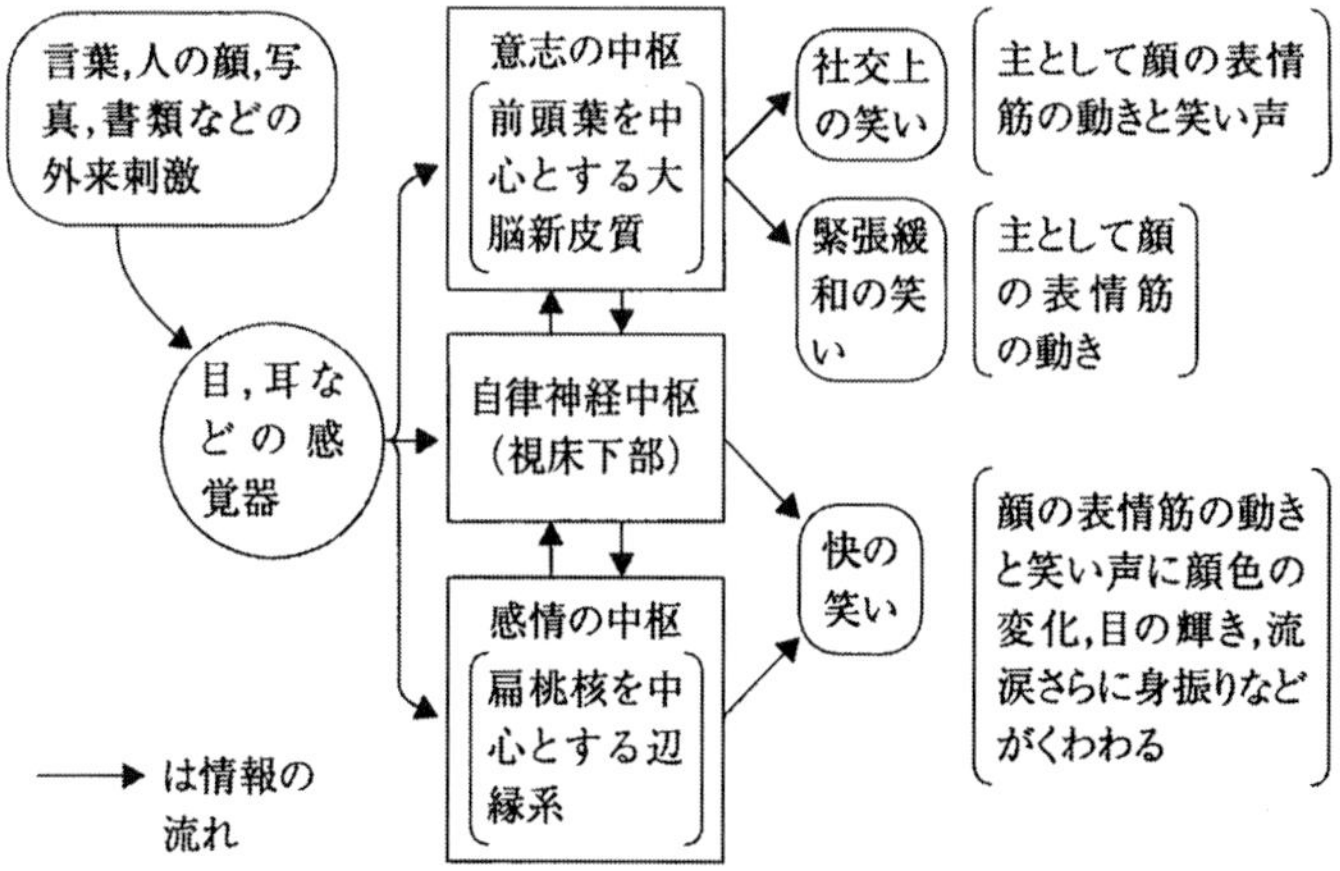

図 4-2　笑いの中枢（1）
（志水　彰「笑いの生理学」「imago」6巻3号，1998，青土社，一部改変）

まず「快の笑い」について考えてみよう。快をもたらす外からの刺激は、辺縁系に入って快感情を引き起こす。いいかえれば辺縁系に入った刺激のみが快の感情を引き起こす。そして辺縁系は、視床下部と情報のやりとりを行い「快の笑い」の表出の準備を整える。

しかしわれわれの社会では、笑ってよい場とよくない場がある。たとえば葬式中に笑うことは通常許されない。

そこで辺縁系および視床下部は、意志や判断の中枢である大脳新皮質と情報を交換する。そして大脳新皮質から「笑ってよい」との許可を得ると、「快の笑い」として表出される。

この「快の笑い」は、比較的大きな笑いであり、顔の表情筋の動きに笑い声が加わり、視床下部を介しての自律神経活動の結果、顔色の変化、眼の輝き、流涙などを伴うこともまた身振りが加わることもある。

「社交上の笑い」は、おおむね「意志の笑い」である。外からの刺激は主として大脳新皮質に至る。それからはたとえば「攻撃の笑い」、つまり冷笑では大脳新皮質からの意志により、顔の表情筋が動かされ時には適度の笑い声も伴う。この場合でもその表出に視床下部は関与するし感情の中枢である辺縁系も関わってくる。もちろんこの場合に起こる感情は快ではない。

他の「社交上の笑い」、たとえばあいさつの笑いを代表とする「協調の笑い」も意志の要素が大きいが、他の二つの中枢も関わってくる。

「緊張緩和の笑い」については、まだ中枢メカニズムを云々するにはデータが不足である。これには緊張がゆるんだ結果として笑う場合と、緊張を緩和するために笑う場合があり、前者には大脳新皮質が関与しており、後者には脳幹の筋緊張を司る中枢が関与していることを指摘するにとどめたい。

図4-3はこれらの中枢の実際の脳内の場所を示している。

なお一九九八年になって、大脳新皮質の補足運動野の一部の電気刺激により、快の感情および笑いの表情が誘発されることがてんかんの脳手術に先立つ検査から見出されていて、共同研究者の岩瀬真生らも脳賦活試験によりそれを裏付ける結果を得ており、脳内の笑いに関する神経機構についてはこれからの発展が予感されている。

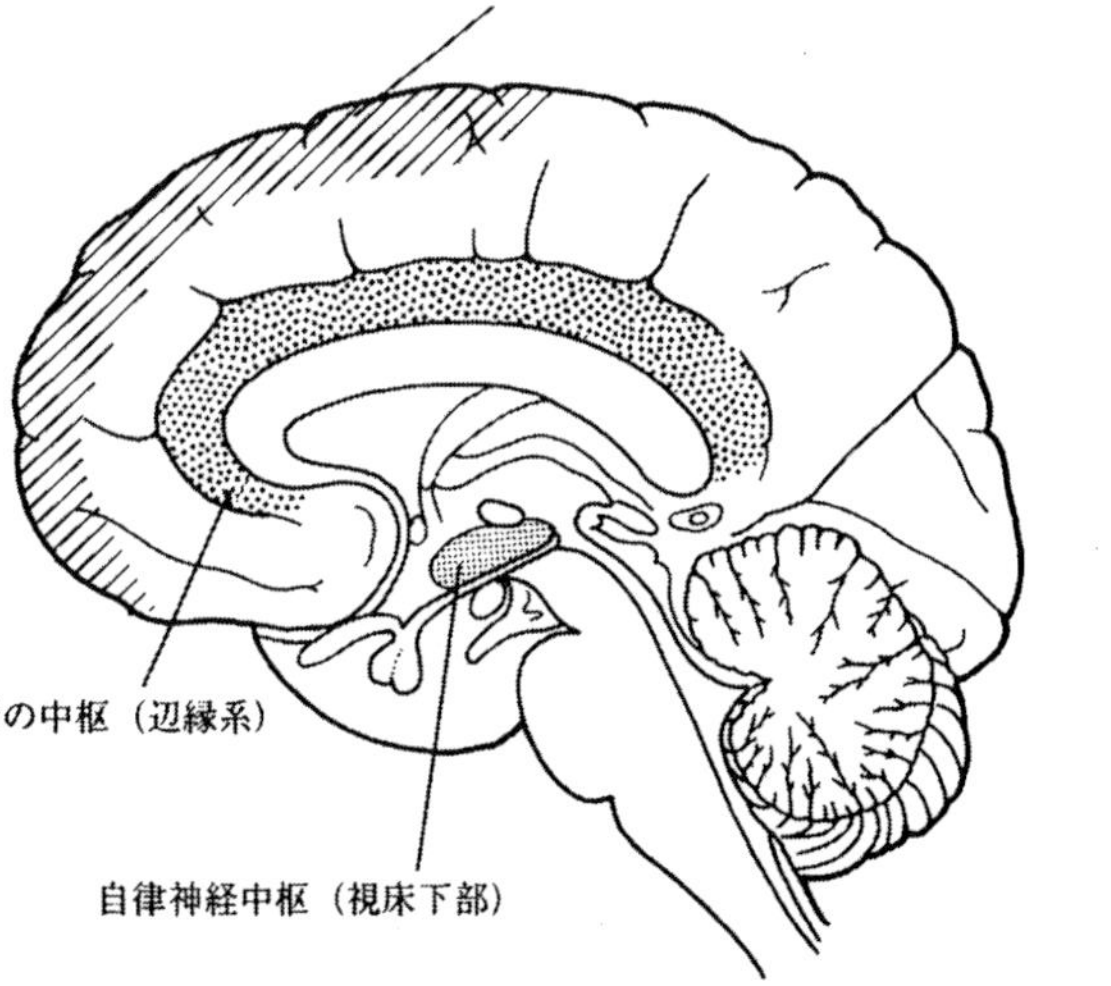

図 4-3　笑いの中枢（2）
（志水・角辻・中村『人はなぜ笑うのか』1994，講談社）

5　笑いの末梢起源説

古くジェームズとランゲにより提唱された情動の末梢起源説では、筋肉や内臓の状態が、脳の中枢にそれに応じた情動を引き起こすとされ、泣くから悲しく、震えるから恐ろしく、笑うから楽しくなると考えられた。

アメリカの哲学者であり心理学者でもあったウィリアム・ジェームス（一八八四―一九五六年）は「情緒とは何か」（今田恵編訳『世界大思想全集15』、河出書房、一九五六年）の中で次のように述べている。

「われわれが自分の望ましくない情緒的傾向に打ち克ちたいと思うならば、つとめて、そして最初の場合は冷淡に、われわれが養成したいと思う反対の傾向の、外面的行動を実行せよ。持続すればその酬いは間違いなく来て、不機嫌や憂鬱は消え去り、その代わりに、真の上機嫌と親切とが来る。額を滑らかにし、目を明るくし、軀幹の腹面よりも背面を収縮させ、半音高く話し、快活なあいさつをする、それで心が和やかにならなかったらあなたの心は実に氷のように冷たい」

その後の研究でこの情動の末梢起源説はおおむね否定され、中枢起源説つまり情動は脳内中枢で生起するという説にとってかわられてきたが、笑いについてはまだ部分的に認められている。

笑顔によって起こる末梢の変化は、主として表情筋の活動であるが、この表情筋からの脳へのフィードバックは実験的には必ずしも快感情を引き起こさない。しかし一方で笑顔を作ると多少楽しい気分になることもまた事実として知られている。

たとえばペン・テクニックと呼ばれる方法では、被験者にペンを唇に触れぬように前歯でくわえることによりほほえみに近い表情を作らせる。この場合大頬骨筋が主として収縮する。ストラックらによるとこの条件でコミックを読んでもらうと、ペンを歯に触れずに唇だけでくわえるようにした表情で同じコミックを読んだ場合に比べてその面白さははるかに強かった。

また最近の同志社大学の余語真夫らの実験では、「エ」を繰り返し発音すると外見上ほほえみに似た顔になり、「ウ」を用いると嫌悪に似た顔になることを利用し、この時の顔面皮膚温を計り、しかも同時に主観的体験を調べた。その結果は「エ」の繰り返しでは皮膚温が下がって快の感情がみられ、「オ」では温度が上がって不快になっており、この考えを裏付けている。

この理由の一つとして唱えられているのは、表情筋の収縮により、鼻腔にとりこまれる空気の量と海綿静脈洞の血流量が変化し、脳へ内頸動脈から入る血流の温度が、わずかながら低下して、これが快の感情を呼び起こすという考えである。

鼻に冷たい空気を送りこむと快の感情を、温かい空気では不快の感情を呼び起こすという実験結果や、感冒などで鼻づまりが起きると不快感が起こる、という経験も側面からこの考えを裏づけている。

いずれにしろ、笑うことによって快感情が引き起こされて、さらに笑うとすれば、これは一応笑いの末梢起源とはなるが、それが事実としても、笑いの中でも「快の笑い」のごく一部であり、大部分の笑いが、ここまで述べてきた脳の中枢から由来していることには疑いの余地はない。

II　脳から表情筋への道筋

笑いの身体的な表出は、顔面筋の活動によってもたらされる顔の表情と、自律神経系に関連した変化、たとえば涙が出る、眼が輝くなどである。そこで本章に記した辺縁系、視床下部、大脳新皮質の三つの脳内の笑い中枢から、これらの表出器官に至る道筋を簡単に述べる。

顔面表情筋は、すべて脳幹にある左右一対の顔面神経核から発して、各表情筋に至る顔面神経（第VII脳神経）によって支配されており、その命令によって、微妙に動いて表情を作る。

上記の三つの笑いの中枢から、この顔面神経核に至る道筋のうち、大脳新皮質からの経路はよくわかっており錐体路と呼ばれる。この系は随意運動を司り、しかも大脳新皮質から出た一本の神経線維が、シナプスを経ないで直接顔面神経核に至るため、伝導は敏速で、瞬時に反応して笑い表情に随意的な修飾を加える。たとえば皮肉な笑いを演出したり、片頬だけで笑ったりする。

残りの二つの中枢、すなわち辺縁系と、視床下部から顔面神経核への経路はよくわかっていない。この二つの中枢は相互に線維連絡があり、機能も密接に関係している。

すでに述べたように、笑い顔を直接作るのは視床下部からのインプルス（命令信号）と考えられるが、大まかにいって、視床下部からのインプルスは、いくつかのシナプスや神経を経由した多シナプス性の比較的伝達の遅い経路をたどり、錐体外路系もかなり関与している。

これら伝導系によって行われる運動は、不随意的な要素が強く、笑い表情は反射的に意志に反しててでも表出され、左右の顔面の動きはおおむね対称である。

さて、こうして脳幹に達した笑いを作るインプルスは顔面神経核へとひきつがれる。顔面神経核からは顔面神経が出て、頭蓋骨の内側からその底部にある側頭骨に入り、中耳付近を経て、側頭骨を出て、耳の前で多くの枝に分かれて顔の各表情筋に分布する。この経路を角辻豊による図4-4に示す。

顔の表情は顔面表情筋の動きが中心であるが、眼球の動きも無視できない。その眼球の動きは第III、IV、VI脳神経（それぞれ動眼神経、滑車神経、外転神経と呼ばれる）によって支配されている三つの外眼筋によって規定されている。

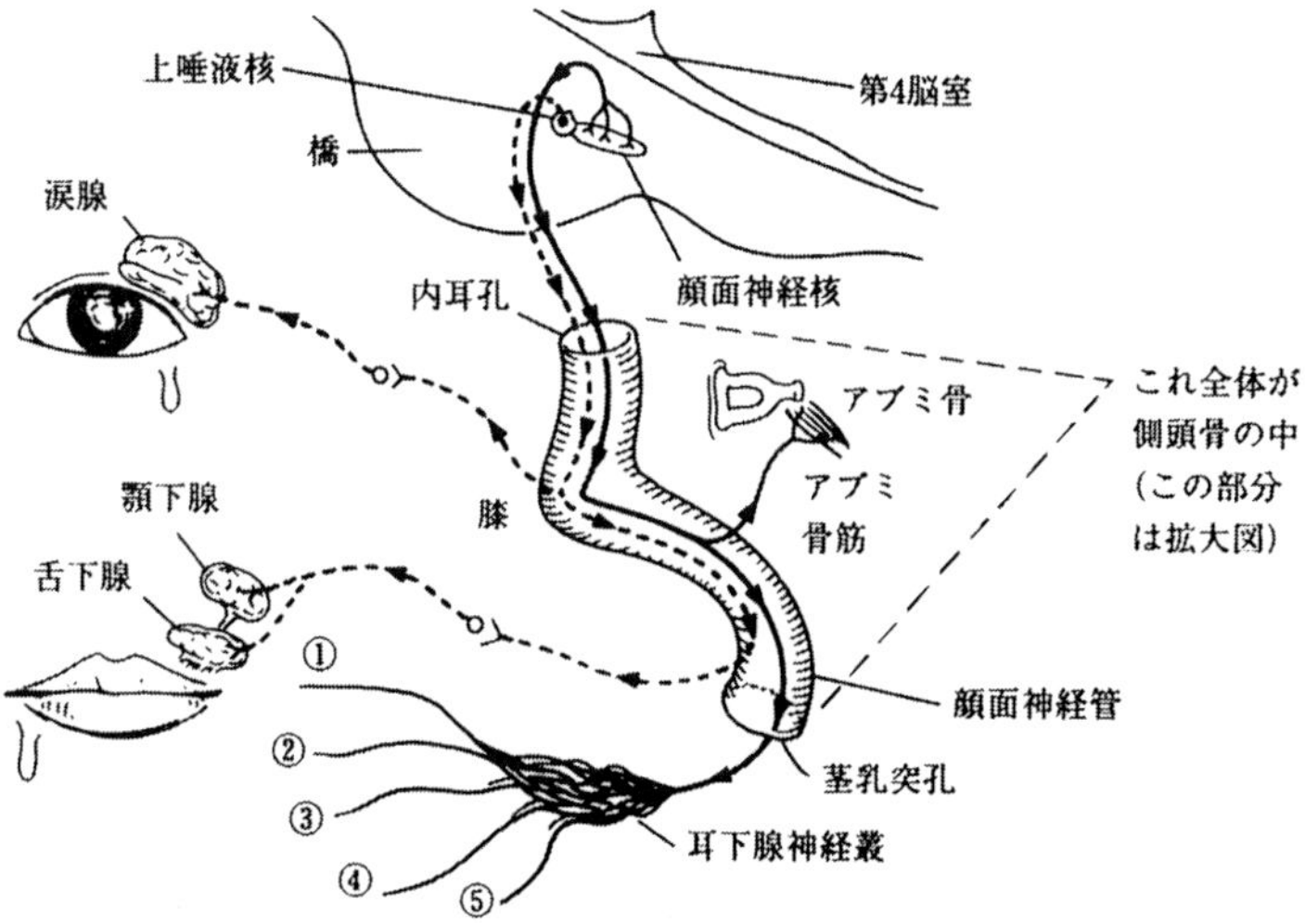

①側頭枝――眼輪筋上部，前頭筋
②頬骨枝――眼輪筋下部，大頬骨筋（笑いに最重要）
③頬筋枝――小頬骨筋，口輪筋，上唇挙筋，頬筋
④下顎縁枝――笑筋，口角下制筋，下唇下制筋，おとがい筋
⑤頸枝――広頸筋

図 4-4　顔面神経の神経核から筋肉に至る経路（角辻）
（志水・角辻・中村『人はなぜ笑うのか』1994，講談社）

笑いの表出のもう一つの中心である自律神経系の変化については、従来から視床下部がその中枢であることはよく知られており、この部位の刺激により、ほとんどの自律神経活動は誘発される。この中枢からのインプルスは、交感神経系は脊髄を、副交感神経系は第III、VII、IX、Xの脳神経を介して伝達され、前者はノルアドレナリン、後者はアセチルコリンがその直接活動をになうことが明らかとなっている。

文　献

・Loiseau,P, Cohadon F, Cohaden,S: Gelastic Epilepsy,A Review and Reports of Five Cases. Epilepsia,12, pp.313–323, 1971.
・Gascon, GG,Lembroso,CT: Epileptic (Gelastic) Laughter. Epilepsia,12, pp.63-76, 1971.
・志水　彰「笑いの生理学」『imago』6、二二一―二九頁、青土社、一九九五年。
・余語真夫「感情の自己調節行動――心身状態に及ぼす顔面表出行動の影響について」『同志社心理』38、四九―五九頁、一九九一年。
・志水　彰、角辻　豊、中村　真『人はなぜ笑うのか』講談社ブルーバックス、一九九四年。

第五章　笑いの表出と判定

すべての霊長類は顔に表情がある。特に高等な種では、顔面筋肉がよく発達しているので、広範囲の微妙な顔信号を出すことができる。人間ではこの傾向が最も顕著であり、大部分の非言語的信号は、顔の表情で伝達されるといってもよい。

——デズモンド・モリス——

脳にある中枢から発し、第四章に記した経路を通って、笑いを表出する筋肉や自律神経支配の諸器官に至った命令信号（インプルス）は、笑いの主役である顔面表情筋を動かし、自律神経活動を変化させて笑い表情を作る。この笑顔の表出器官である顔面表情筋と、自律神経活動につき述べる。

Ⅰ　笑いと顔面表情筋

一八六二年、フランスのデュシェンヌがさまざまな顔面表情筋を、彼の手になる「ボルタ誘導電流装置」を用いて電気刺激することにより、笑い顔や泣き顔などを本人の情動に無関係に作り出すことに成功して以来、笑顔その他の顔面表情が、約三〇の顔面筋がさまざまな組合せで、いろいろな程度に収縮することを中心として形成されていることには疑いの余地がない。

それらの顔面表情筋とその活動について、表情研究者であり精神科医の角辻豊の『人はなぜ笑うのか』の記載に基づいて図5-1を参照しながら解説する。

1 笑いの主動筋

大頬骨筋と小頬骨筋　笑いの際に主として働く筋肉は大頬骨筋と眼輪筋であり、それぞれ笑顔の口の形、眼の形を作る。中でも大頬骨筋が主役であり、顔面神経の電気刺激によりこの筋のみをうまく収縮させると、誰が見ても笑顔という表情を作ることができるほどである。

この筋肉は、左右の頬骨（ほお骨）から起こり、それぞれ左右の口角（唇の両端）の皮膚に付着している。この筋肉が収縮して短くなると、頬骨は固定されているから口角が斜め上外側に引き上げられ、笑いの口の形を作る。

主動筋ではないが小頬骨筋もこの働きを助ける。小頬骨筋の収縮により、口角は斜め上というよりほぼ真上に引き上げられ、犬歯がみえやすくなり、大口をあけて笑う感じとなるし、純粋な笑いというより、やや攻撃的または防御的な威嚇を含んだ感じが入ってくる。

眼輪筋　眼輪筋は眼（眼裂）の周囲を取り巻いている。この筋肉は眼裂のすぐ外側を取り巻く内

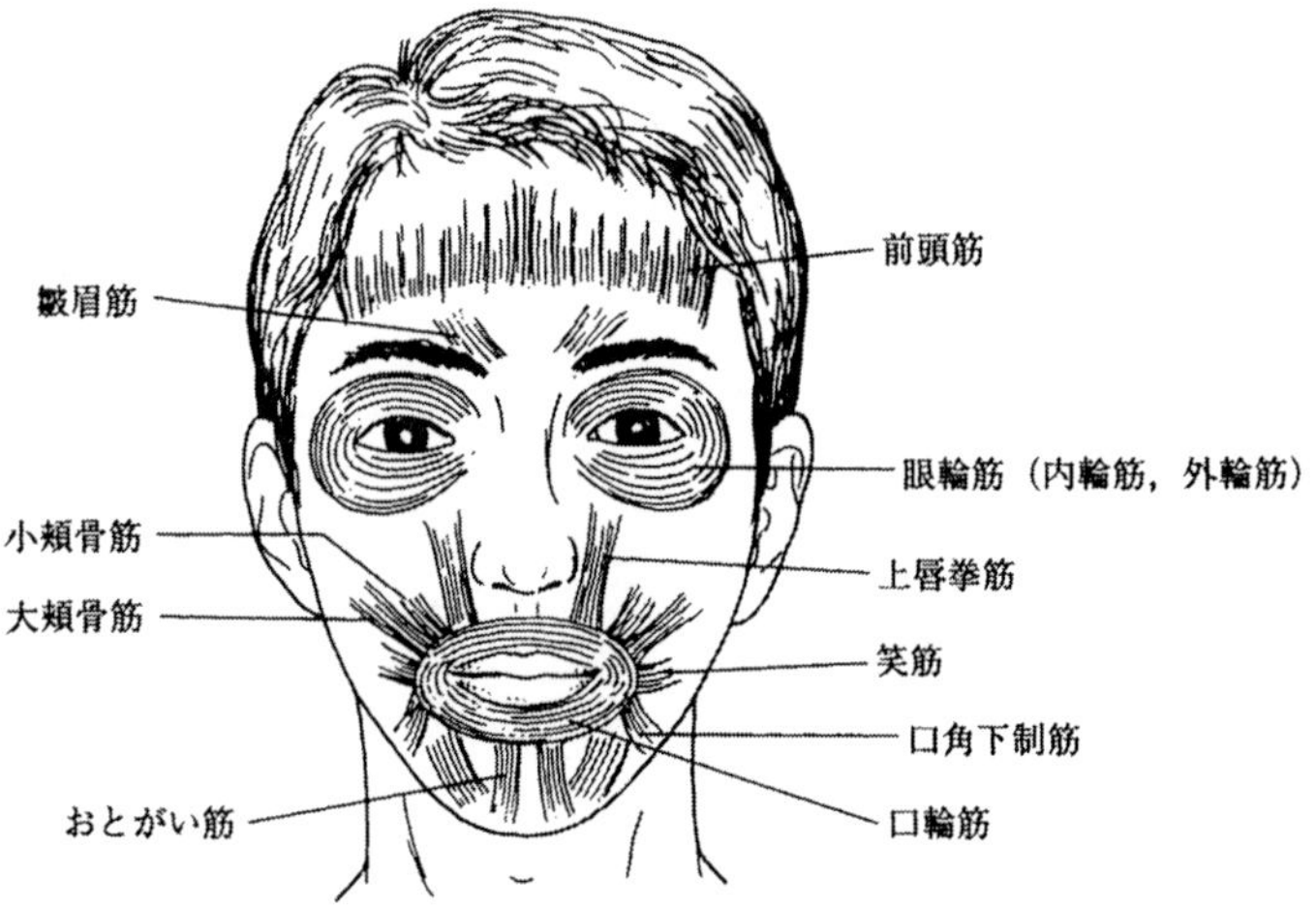

図 5-1　顔面表情筋
（志水・角辻・中村『人はなぜ笑うのか』1994，講談社）

輪筋と、そのさらに外側をとりかこむ外輪筋とに分かれている。

内輪筋は眼を閉じる働きをもち、有害刺激から眼球を守る役割を果たしており、哺乳動物に広く存在する。この筋肉は、たとえば他の人が眼を突くような動作をすると、それが冗談とわかっていても眼を閉じてしまうなど反射的な動きの時と、物を考えるに際して眼を閉じるなど、自分の意志で動かす場合との両方で作用するが、笑いの際にはあまり活動しない。

笑いの際に働くのはその外側にある外輪筋であり、ヒトで新たに発達した筋肉である。この筋肉は眼裂を細めて、目尻にいわゆるカラスの足あとと呼ばれるしわを作り、これが眼の笑いの表情の主なものとなる。この筋肉の収縮は「快の笑い」の際に強く、「緊張緩和の笑い」がこれに次ぎ、「社交上の笑い」では著しくない。

これは「快の笑い」や「緊張緩和の笑い」を笑う状況では、外界や相手の表情や態度を注意してみる必要がないので、眼が細められてもよいが、「社交上の笑い」に属する「攻撃の笑い」や「価値無化の笑い」などは、相手の観察が必要なため、眼をある程度大きくあけておかなければならないからであろうと考えられている。このため「社交上の笑い」の一部、たとえば冷笑などでは「目が笑っていない」と相手に感じられる。

2 その他の笑いに関係する表情筋

皺眉筋　皺眉筋は、頭蓋骨の鼻のつけ根の部分から起こり、両側へやや上向きに走り、眉の上の額の部分の皮膚に付着している。この筋肉が収縮すると眉を内側に引き寄せ、いわゆる眉間のタテじわを作る。

もともとは目の上にひさしを作ってまぶしさをさえぎり、視力を助ける役割があったとされている。この筋肉の活動が主役となる表情は苦悩であり、陰鬱で悩んでいる感じを相手に与える。注意集中の際にもこの筋肉が活動する人もあり、また恍惚の表情にもこの筋肉が参加することがある。

単純な「快の笑い」の際にはこの筋肉は活動しないが、「苦笑い」では強く働く。これは一応「快の笑い」であっても、少なからず不快の念を伴っている場合であり、複雑なニュアンスを相手に伝える役割をになっている。またうつ病などで、心から笑えないときにもこの筋肉の活動を伴った笑いが多いことも観察されている。さらに「社交上の笑い」で、相手のいうことを一応は認めても、必ずしも満足していないことを伝えるメッセージとしての表情を作るためにもこの眉間のタテじわは使われる。

口角下制筋　この筋肉は下あごの骨の側方から出て、口角の下部、つまり大頬骨筋の付着部の下についている。ちょうど口唇を左右に延長した線に対して、大頬骨筋と対称の位置にある。

この筋肉が笑いでない際に働くと、口を「へ」の字に歪め、笑いと反対の表情を作る。弱い笑いの表情の際にはこの筋肉の出番はないが、笑いが強くなるとそれに応じて収縮する。

この筋肉の収縮は、笑いと逆の口の形の表情を作るので笑い表情が弱められ、その相互関係でいろいろな強さの笑いが表出される。これは表情筋は不随意的な要素があるため、一つの筋肉の収縮の強弱を自在にはコントロールできないので、こうして補助的に別の筋肉を用いて、その表情の強さを調節しているためである。

たとえば厳粛な場など笑い出すことが許されない状況で、笑いがこみあげてきたときには、大頬骨筋の動き自体は止められないので、口角下制筋を同じ強さで働かせて、笑い表情を止めていることが角辻らの表情筋筋電図を記録した研究で明らかになっている。

口輪筋　口唇の周囲を輪状に取り囲んでいる筋肉で、これが収縮すると口がすぼまり前へ突き出る形となる。吸ったり、食べたりするときに重要な働きをするが笑いの時にもいろいろな程度に収縮する。これは大頬骨筋をはじめとする笑い表情を作る筋肉が、おおむね口を開こうとする作用があるので、これに対抗して口唇の形や大きさを調節して、笑い表情にさまざまなニュアンスを与えるためと思われる。

おとがい筋　下顎骨の広い範囲から起こって、下顎の皮膚に広く終わる筋肉で、主な作用は重力に対抗して口もとの形をととのえるとされているが、強い笑いではこの筋肉も活動する。口の形をととのえ、笑いに際して唾液がこぼれるのを防いでいるようである。

笑筋　口角と頬の下部の皮膚とを結ぶ小さな筋肉であり、存在しない人の方が多い。この筋肉をもつ人ではえくぼができ、笑いにあるニュアンスを与える。笑い表情を作る以外の作用はない。

前頭筋　額の全面をおおい筋肉繊維は上から下に走っている。眉毛、上まぶたを上へつりあげ、眼を大きく見開くのを助ける。笑いの際には特別の働きはないが、大笑いではこの筋も収縮して顔全体で笑っている感じを作る。

上唇挙筋　この筋肉が活動すると笑いに際して犬歯のほかに門歯も露出される。この筋肉も顔全体で笑うときに活動する。

その他の筋肉　この他に耳と鼻の周囲にいくつかの小筋があり、鼻根部と鼻翼部の筋肉は、鼻の横にしわを作ったり小鼻をふくらませたりして笑いを修飾する。

3　表情筋の特長

笑い表情の主役は何といっても顔の表情筋群である。

多くの表情筋がさまざまな組み合わせで、いろいろな程度に微妙に収縮することによってできる種々の顔面のしわ、眼裂の大きさや眼球の位置、口唇や鼻翼の形などの、微妙な変化によって笑い表情の主要部分が形作られる。

この微妙な動きができるのは、表情筋の神経筋比が小さいところにその秘密がある。神経筋比とは一本の神経の支配する筋肉線維の数のことである。

たとえば下腿のアキレス腱のついている下腿のヒラメ筋では、脊髄から出た神経線維の束がこの筋肉を動かすが、その一本の神経線維は約四〇本の筋肉線維に分布し、その神経を伝わるインプルスは、ほぼ同時に四〇本の筋肉線維に伝わり、同時に収縮を起こす。

このためヒラメ筋の収縮力は、大きいが粗大な動きとなり、微妙な動きのコントロールはできない。しかし表情筋では脳幹の顔面神経核から出た顔面神経は、神経筋比が五―七位であり、一本の神経線維が数本程度の筋肉しか同時には動かず、しかもその筋肉線維が細いため、その収縮力は弱い。しかしこの小さい数の単位の筋肉線維のみを動かすことにより、小範囲のしかも弱い筋肉の動きをコントロールすることによって、微妙な表情を表出することが可能となっている。

表情筋のもう一つの特長は半随意的であることである。筋肉には横紋筋と平滑筋があり、前者は随意的、つまり意志の命ずるままに動くのに対して後者は不随意的な動きしかできない。

横紋筋の代表は、手や足の筋肉であり、平滑筋のそれは、胃や腸など内臓の筋肉である。

ところがこの中間に属する半随意的に動く筋肉があり、その代表が呼吸筋と表情筋である。これらの筋肉は、発生学上では鰓性であり、魚のエラと類似の物である。呼吸を止めることは随意的に短時間はできるが、窒息死するまで止めることはできない。

同じように表情筋もある程度は自分の意志で動かせるが、完全にコントロールすることは不可能であり、つくり笑いをしても本来の「快の笑い」のようにはできず、相手に見破られてしまう。またすでに述べたように、笑ってはならない場面で笑いがこみあげてきたときには、笑いの主動筋である大頬骨筋の活動を十分に止めることはできないので、同時にそれと反対の作用をもつ口角下制筋を同じ程度に働かすことによって、笑い表情を出さないようにしている。

笑いの顔面表情は、ここに述べてきた多くの表情筋を用いて作られる。一般的にいって快刺激などの刺激に応じて自然に出てくる笑いの場合には、笑い表情は左右の顔面にほぼ対称に出現してくるし、笑いの程度により活動する筋肉の数も、一つ一つの筋肉の活動も大きくなり、その結果、笑いの大きさや長さはある程度意志に無関係に決まってくる。

しかし冷笑など意志の要素が非常に強い場合には左右非対称なこともあり、たとえば「片頬だけで笑う」などの表情を作ることも可能である。またその大きさや持続もある程度意志の力でコントロールできる。

II　笑いと自律神経活動

あいさつの笑いなどの「社交上の笑い」や、おいしいものを食べたあとのほほえみなど、快感情の程度の軽い「快の笑い」は顔の表情が笑いの中心である。

しかし「快の笑い」の程度が強くて、爆笑したり笑いころげたりする時には、顔の表情に加えて、大きな笑い声を出し、身体をゆすって全身で笑う。この際に顔が紅潮し涙が出、ひどいときには尿を漏らしたりするが、これらの変化には自律神経活動が大いに関係している。

自律神経系は、感覚—運動系とともに生体を支えている重要な神経系である。

われわれが光や音を知覚するときにはそれを自覚しているし、手や足の筋肉を動かすときには自分の意志で動かす。これらは感覚—運動系の作用による。ところが胃や腸などの内臓は、自分の意志とは無関係に動き、自分ではその動きを知覚することはできない。また驚くと心臓は自然に早くうち、瞳孔は瞬時に拡大する。これらはすべて自律神経系の活動によって行われている。

自律神経系はその作用から交感神経系と副交感神経系に大別され、この二つの系は相拮抗し、一方が強く活動するときは一方の作用が弱まり、バランスをとりながら活動している。

すでに述べたように自律神経系の中枢は視床下部であり、交感神経系はアドレナリンによって作動する神経を、副交感神経はアセチルコリン作動性の神経を介して全身に働く。交感神経が作用すると血圧上昇、心拍数の増加、呼吸数の増加、筋緊張の増大、消化管活動の抑制など全身にさまざまな変化を起こし、副交感神経緊張時には、ちょうどその逆になる。

エネルギーの面からみると、交感神経系優位の時は心身の緊張が強まり、エネルギーを使って状況に対応しようとするし、副交感神経優位では心身はリラックスし、エネルギーを蓄える方向に生体が動く。

さて本題にもどって、笑いと自律神経活動の関連をみてみよう。大まかにいって、「快の笑い」では基本的に副交感神経が優位で、リラックスした状態であり、特に大きな笑いではそうである。以下に大きな笑いに伴う身体変化の中で自律神経に関連したものをあげてみる。

まず「顔を紅潮させ涙を流して」大笑いするというのは、強い副交感神経優位の状態である。紅潮は顔の毛細血管が副交感神経の活動により開いて、赤血球が皮下に出たのが赤く見えているのであるし、涙腺は副交感神経のみによって支配されているから、涙の出るのは副交感神経の活動の結果であることは明らかである。大笑いすると息が苦しくなるのも副交感神経優位の結果で、気道全体に分布している平滑筋が働いて気道を狭くして空気を通りにくくしているのが原因となっている。

唾液の分泌、胃腸の動き、排尿などはすべて副交感神経優位の状態で行われる。このため笑い過ぎるとヨダレをこぼすし、「笑うとおなかがすく」状態となる。大笑いの際には腹圧が高まるが、これと副交感神経優位が尿を漏らすことにつながる。

なお涙を流すような大笑いで四肢の力が抜けることがあり、これも副交感神経活動で説明する説があるが、筆者はむしろ脳幹にある筋肉の緊張を支配している中枢が視床下部に近接しており、神経連絡もあることから、視床下部からこの中枢に刺激が送られたためではないかと考えている。この脱力の中枢は正常のレム睡眠、つまり夢をみているときに活動して、夢のイメージにしたがって歩いたり、走ったりしようとしてもできないような状態に、筋肉を置いておく作用をする部位として知られているところである。

また大きく笑うと顔が輝いてみえることがあるが、皮脂腺の分泌が高まって顔全体の光の反射が強くなるためや、顔面が筋活動の結果、表面の緊張が高まるためと考えられている。

血圧や心拍の変動もわずかながら起こる。データによると、笑いのはじめに少し血圧が上がり、心拍数が増した軽い交感神経優位の状態となり、そのあと笑い出すと、副交感神経優位となって血圧も下がり、心拍数も減るような傾向がみられる。

なお笑い声は、いったん吸いこんだ空気を、呼吸筋が一定のリズムで収縮して外へ吐き出すときに声帯をふるわせて起こる音声であり、これは意志の要素もあるが、自動的に行われる部分も多く、このメカニズムはまだ明らかになっていないが、角辻豊は人間が「アッハッハッ」と笑うのは、まず笑いの最初に小さな驚きがあって「アッ」と息を吸いこみ、それが無害であることが分ってホッとして「ハッハッハッ」と何回かに分けて息を吐き出すためであると考えている。

「緊張緩和の笑い」では、はじめに軽い交感神経の緊張がきて、副交感神経の緊張へと転換する。たとえばなぞなぞの笑いでは、はじめの「なんだろう」と緊張するところは交感神経優位、「なーんだ」と笑うところでは副交感神経優位となる。

あいさつのほほえみや冷笑などに代表される「社交上の笑い」では、自律神経系の変化は大きくない。これは意志の要素が強く情動の変化は小さいからである。

III　笑いの判定

1　顔ニューロン

脳細胞と、それが他の脳細胞と接続して情報を伝えるための突起とを合わせて、脳のニューロンと呼び、脳内の情報の受容や伝達はすべてこのニューロンによって行われている。

これらの脳のニューロンはそれぞれ独特の作用を持つことが多く、たとえば音に対して反応するニューロンは、ある音に対して興奮して放電しその音を知覚する。

ところで、サルの脳の側頭葉の上側頭溝多感覚野や、下側頭連合野、さらに扁桃核には、顔に対してのみ特異的に反応し、そのことによって顔を認識する「顔ニューロン」があるとされており、人間にも同じ機能のものがあると考えられる。これにもいろいろの種類があるらしく、ある顔ニューロンは、ある特定の顔にしか反応しない、つまりある顔しか認識しないのに他の顔ニューロンは、いろいろな顔に反応する。さらにあるニューロンは顔の部分、たとえば口や眼に、また顔の向きに反応する。

こうした顔の形態に反応するもののほかに、笑顔など表情に反応する細胞群があり、それぞれの脳での存在部位が異なっている。たとえばある研究では、表情に反応する顔ニューロンは上側頭溝皮質と扁桃核にあり、一方、顔の形は下側頭連合野で処理されている可能性が示されている。そしてこれらのニューロンが失われると、顔の表情が判断できなくなったり、誰の顔かという認知能力が失われたりする。

こうした判断や認知の能力が、一つの顔ニューロンのみで行われているという考えと、いくつかのニューロンのネットワークで行われているという考えがあり、後者の方が有力になりつつある。いずれにしろ笑顔の判定、つまり相手が笑っているかどうかの判断は、これらのニューロンで行われている可能性が強い。

図5−2に人の笑顔にだけ反応した顔ニューロンの例を示す。このサルの扁桃核のニューロンは、同じ人の八種類の表情（図2には原図を改変して四種類のみ引用）をみせられたとき、右から二番目の笑顔にだけ反応していることがわかる。

2　笑顔の判定

笑顔の判定は脳で行われるが、その材料となるいろいろな知覚情報は、主として眼と耳、ことに視覚によって得られている。つまり相手の顔をみることによって得られる。

しかし相対している相手の表情を判断する際に、相手の顔のどの部分をみて判断しているかにつ

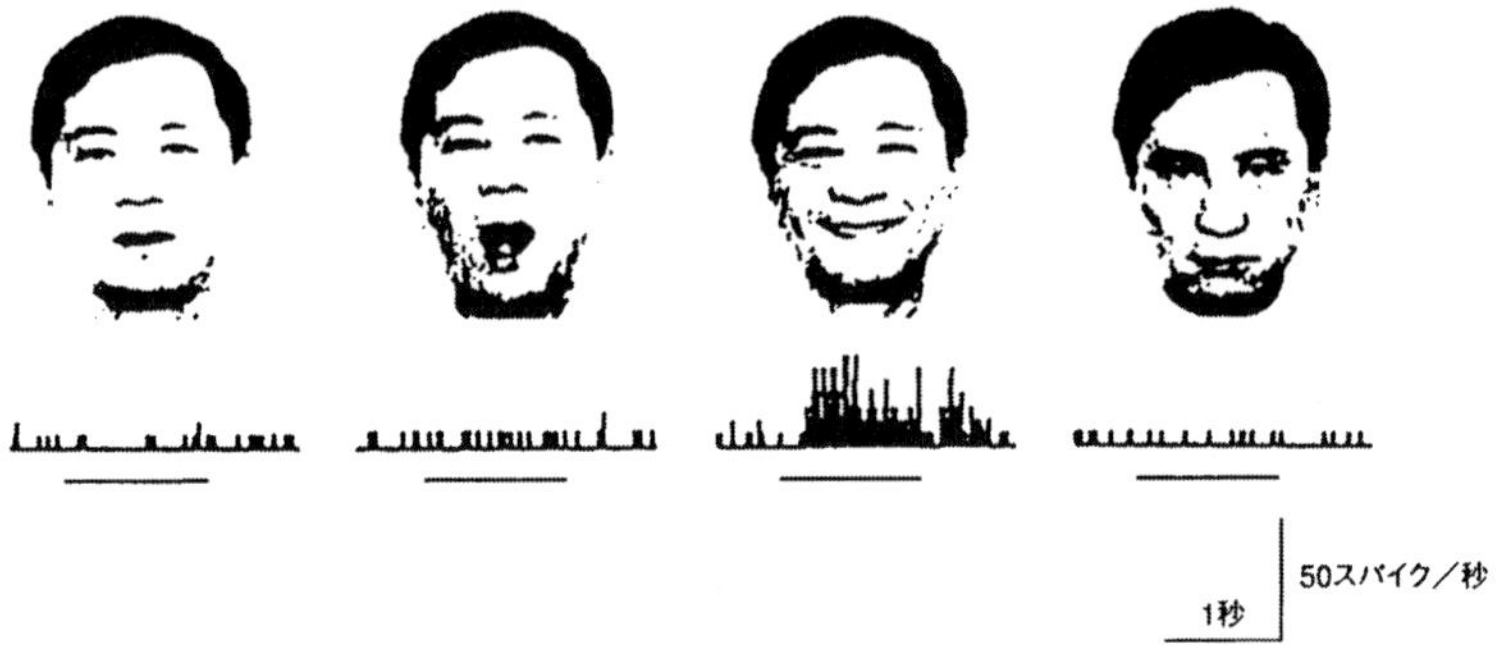

図5-2　ヒトの笑顔に選択的なニューロンの応答例
(Nakamura,K ほか, Activity of single neurons in the monkey amygdala during performance of a visual discrimination task, J. Neurophysiol.67, 1992, 一部改変)

いての研究は少ない。精神科医の志水隆之は笑い表情につきアイマークレコーダーと呼ばれる装置を用いてこの点の研究を行った。アイマークレコーダーとはある対象を注視して動いている眼球に赤外線を当て、それが眼球の角膜、および強膜で反射されてくる反射光を赤外線検出センサーでとらえ、それをみている対象の上に重ね合わせることにより、眼球の動きの方向、速さ、停留している時間を測定して、視線の動きを客観的に記録する方法である。

これにより、被験者がどこをどのくらいの長さでみていたかを知ることができる。この装置はオリンピックの際にＮＨＫが、平行棒の選手がどこをみながら演技しているのか知るのに応用して有名になった。志水隆之の実験では同じ人の程度の異なる二つの笑顔を横に並べてスライドでみせ、どちらがよく笑っているかの判定を求めた。

その結果は図5-3のようである。スライド中央の×印

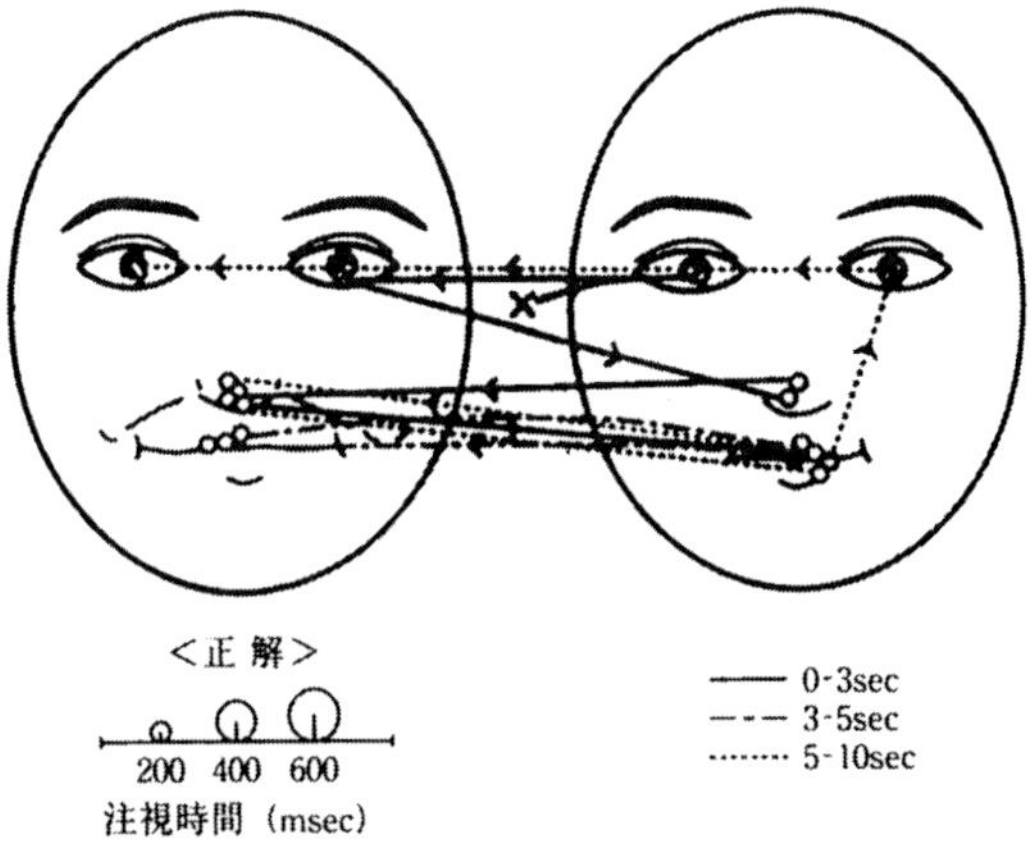

図5-3　2つの笑顔を比較判定するときの眼の動き
（志水隆之「精神分裂病患者の表情認知」『大阪大学医学雑誌』45巻，1993，一部改変）

から注視点はスタートして、左右の笑顔を比較する。図でみられるように、まず左右の笑顔の眼と、その周囲を見比べ、ついで口唇とその周囲に注目していることがわかる。これはすべての被験者でほぼ共通であり、このことからわれわれは、相手の眼と口をみて笑いを判断しているのであろうと推定される。いいかえればこのようなやり方で視線を動かすことが笑い表情の動きを短時間にとらえるのに効果的であるということであり、第八章に述べるように精神分裂病などではこの動きが効果的でなくなり、情報のやり取りの効率の悪さにつながっている。

このようにして得られた笑顔についての視覚的な情報、身振りをみることから得られる情報、耳からくる笑い声の意味、さらにそれまでの会話の流れや、相手との関係などからわれわれは多くの情報を得、それを笑顔については、おそらく顔ニューロンで、他のデータについてはそれぞれの脳の部位でそれらの意味を判定し、それを総合して相手の笑いの種類や量を判断しているのであろう。

文献

・志水　彰、角辻　豊、中村　真『人はなぜ笑うのか』講談社ブルーバックス、一九九四年。
・角辻豊「笑いのちから——ストレス時代の快笑学——」家の光協会、一九九二年。
・Nakamura,K.etal.: Activity of single neurons in the monkey amygdala during performance of a visual discrimination task,J.Neurophysiol.,67, pp.1447-1463, 1992.
・志水隆之「精神分裂病患者の表情認知——表情比較課題時の眼球運動——」『大阪大学医学雑誌』45、二八七—三〇〇頁、一九九三年。

第六章　笑いの数量化

I　笑いの客観的記録

「あの人はよく笑う人だ」とか「あまり笑わない人だ」といった表現が日常よく用いられる。これらはそれを見る人の主観的な感じであり、二つの意味であいまいである。

第一は、同じ人がその人にはあまり笑わなくても、他の人にはよく笑うかも知れないという意味においてであり、第二には、「よく笑う」とか「あまり笑わない」とかいっても、どの程度かを数量化することができない点についてである。

この例のように、笑いはいままで主観的、非数量的に扱われてきた。しかし自然科学の手法で笑いを研究するためには、それを客観的に記録し、数量的に表現しなければならない。筆者は、角辻豊をはじめとする大阪大学精神科のメンバーとともに、長年この点に取り組んできた。本章では主としてそれについて記したい。

音楽の冗談　K. 522
第2楽章メヌエット

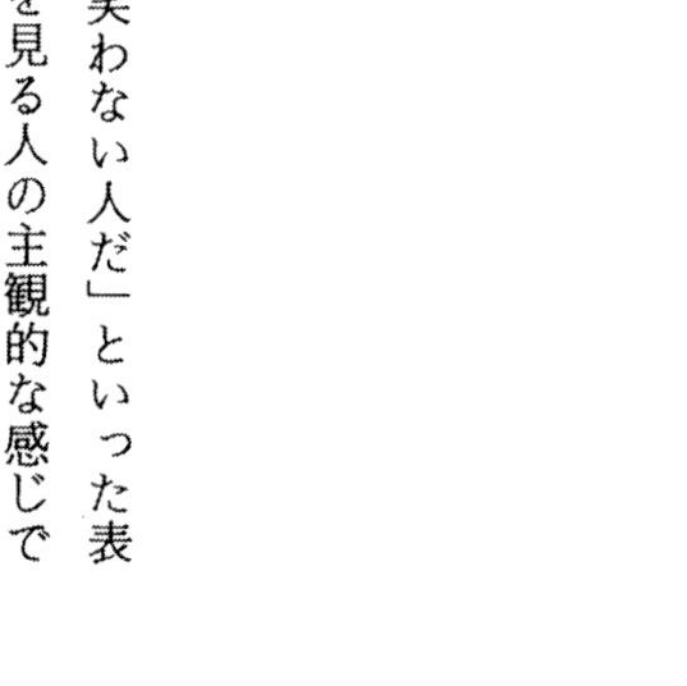

—モーツアルト—

1　表情筋筋電図による笑いの記録

顔面表情筋を電気刺激によってうまく収縮させると、自然な笑いとほとんど区別のつかない表情を作ることができることからみても、笑い表情における表情筋の活動の重要性は明らかである。笑いに関連する主な筋肉は、第五章に述べたように、大頬骨筋、小頬骨筋、眼輪筋、口輪筋、おとがい筋、皺眉筋、上唇挙筋、口角下制筋、笑筋および前額筋であり、原則として左右一対である。そしてこれらの顔面表情筋の多くは、その下にある骨（頭蓋骨）から発して、一定の方向へ延びたあと顔面の皮膚の裏側に付着している。

これらの顔面表情筋が中枢からの命令に応じて収縮すると、顔面の皮膚が、その筋肉の起始部がある骨の方向へ引かれてしわを作り笑顔となる。このしわのできる部位の方向および大きさは、どの表情筋がどの程度収縮するかによっている。

たとえばかすかなほほえみでは、大頬骨筋と眼輪筋が少し活動するのみであるが、顔をクシャクシャにして大笑いするときは全表情筋が強く活動する。また口輪筋などの収縮では、口がすぼまり前につき出る形となり、もちろん表情の一部を形作る。

これらの表情筋は、四肢など他の筋肉と同じように、活動に際して筋電図と呼ばれる電気活動を伴う。この筋電図は筋肉の収縮が強いほど、いいかえれば活動する筋肉線維の数が多いほど電位（振幅）が大きくなり、活動の時間が長いほど長く続く。このためこの筋電図を記録することにより、どの筋肉がどの程度の強さで収縮したかを客観的にみることができるし、数量であらわすこともできる。

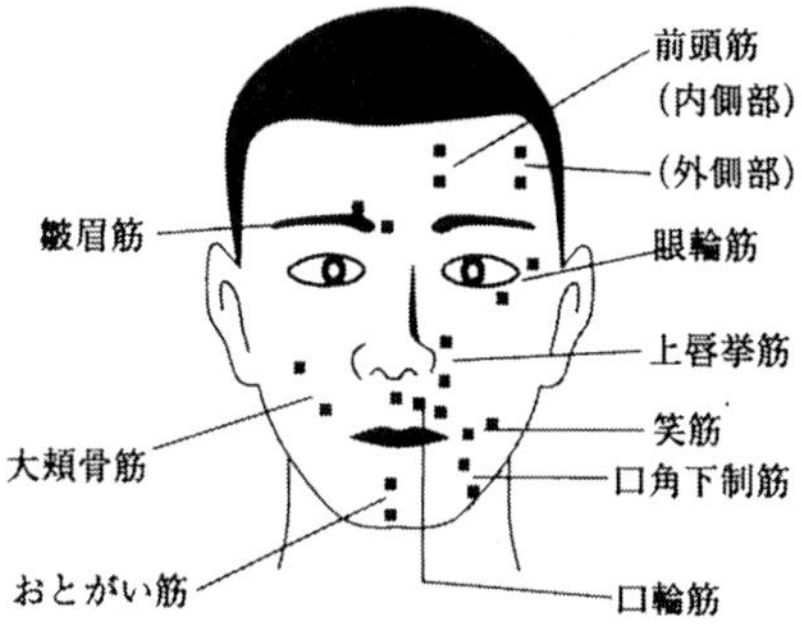

図6-1　顔面表情筋と電極位置
（志水・郡・角辻「笑いの精神生理学」『こころの科学』48巻，1993，一部改変）

角辻豊は多くの電極を顔面に装着し、笑いを中心としたいろいろな表情の際のこれら多くの表情筋の筋電図を同時に双極誘導し、ペン書きのポリグラフ計で記録している。図6-1にその電極の部位を示す。

誘導する電極は、顔面の皮膚表面に円板電極を糊を用いて装着する場合もあるが、角辻の考案した、直径七〇ミクロンのステンレス線電極を用いるとより厳密に記録できる。このステンレス線電極を顔面の毛孔を介して表情筋に刺入していくと、プチッと毛根を破った直後から、表情筋の筋電図を鮮やかにかつ痛みなく記録することができる。図6-2はその一例であり、弱い笑いの場合の記録である。

図の下部に示した顔写真の笑い顔の、それぞれに対応した各表情筋の筋電図が矢印で示されている。この程度の弱い笑いでは、大頬骨筋、上唇挙筋、笑筋、口角下制筋、おとがい筋など顔の下半分の筋肉の中程度の放電が笑いに際してみられるが、皺眉筋、前頭筋など顔の上半分の表情筋には筋電図は出現しない。

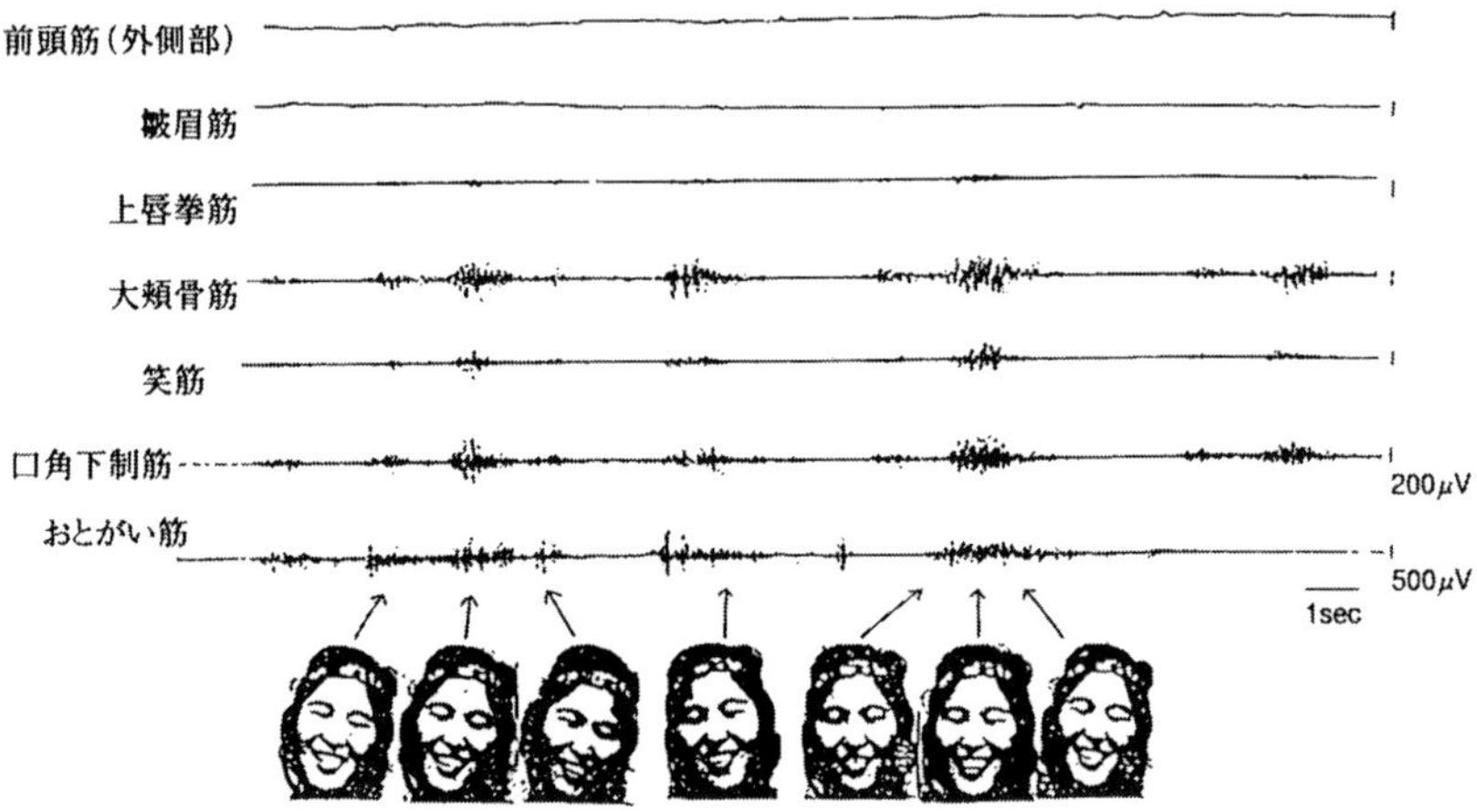

図 6-2　弱い笑いの際の表情筋筋電図パターン
（角辻　豊「顔の表情の筋電図学的研究」『精神神経学雑誌』69 巻，1967，一部改変）

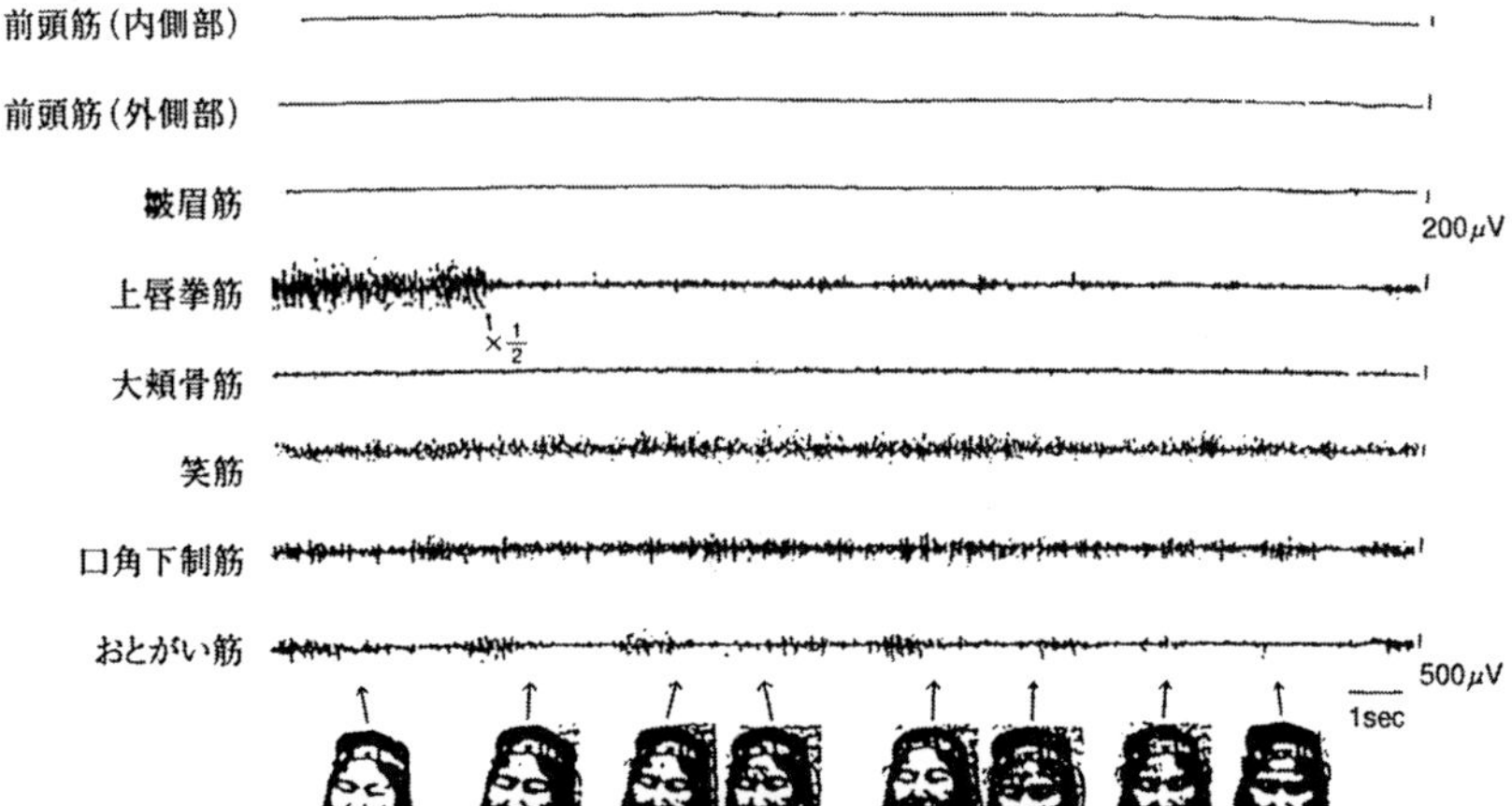

図 6-3　中等度の強さの笑いの際の表情筋筋電図パターン
（角辻　豊「顔の表情の筋電図学的研究」『精神神経学雑誌』69 巻，1967，一部改変）

もっと笑いが強くなると、図6-3にみられるように、一つ一つの筋肉の筋活動の振幅は大きく、持続は長くなるし、よりたくさんの筋肉が笑いに参加してくるようになる。この図では上唇挙筋、大頬骨筋、笑筋、口角下制筋、などは絶え間なく放電していることが示されている。

一般的にいうと、ごく弱い笑いでは、口唇の周囲の筋肉のみが弱く活動し、もう少し強くなると、眼の周囲と顔下半分の筋肉が活動し、大笑いの場合には上半分の筋活動も強く起こって、「顔をクシャクシャにして笑う」ようになる。

余談になるが、泣きの場合には上半分の筋活動が強く、「大声をあげて泣く」ような場合には下半分の筋活動も盛んで、大笑いと号泣は筋電図の上では区別できなくなる。

角辻はこれらの記録から、さまざまな表情の際の各表情筋の筋電図の平均振幅を測定して、図6-4に示すようなグラフを作っている。図には笑いの際と、怖れの際とを示しているが、表情筋の活動パターンが逆になっていることがわかる。

自然な、あまり強くない笑いの場合には、図6-2のように筋電図は振幅が漸増・漸減する紡錘形をとり、最大振幅は多くの表情筋では二〇〇―三〇〇μV（マイクロボルト）であるが、おとがい筋は六〇〇―七〇〇μVと高値である。これに対して作り笑いや、冷笑などでは筋電図の形はこうした滑らかな紡錘形をとらず、急に立ち上がったり突然途切れる形で終わったり不自然な形をとる。

また快刺激に反応した自然な笑いでは、左右の表情筋はほぼ対称的な放電を示すが、作り笑いや冷笑では、一側の筋電図のみが高振幅となり、「片頬で笑う」ことを示している場合も記録される。

また冷笑では、「目が笑っていない」といわれるように口の周辺のみの筋電図がみられるが、これはごく弱い「快の笑い」と同じであり、筋電図のみから区別することはできない。

また笑ってはいけない場面で「笑いをこらえる」場合には大頬骨筋の活動を意志で抑制すればよいはずであるが、前述のように表情筋は半ば不随意であるためなかなか難しい。このためまったく反対の方向に動く口角下制筋を同じ強さで働かせることにより外見上笑いをかくすことが明らかになっている。

2　自律神経活動の記録

笑い、特に「快の笑い」に際して自律神経活動が変化することをすでに述べた。心拍は笑いのはじめに少し速くなりその後むしろ遅くなるが、これは心電図で記録することができる。血圧もわずかな変化であるが脈の速くなった時期に上昇し、徐脈に際して下降するがこれも連続的に記録できる。脈波とよばれる心臓の収縮と、これに応じた末梢血管の動きも笑いの際に独得の動きを示し、これも指尖容積脈波として容易に記録できる。図6-5の上から三段目に記録の一例を示す。

笑った際の発汗をみるためには、GSR（Galvano-Skin Response, 皮膚電気反応）という汗腺の活動電位を記録する。笑いを呼び起す刺激が与えられると、このGSRが二秒近く遅れてゆっくりと出現する。図6-5の上から二段目はその記録である。最近生体から放射される赤外線をとらえて体表面の温度を表示するサーモグラフィが発達してきたが、これにより笑いの際の顔面の温度変化を

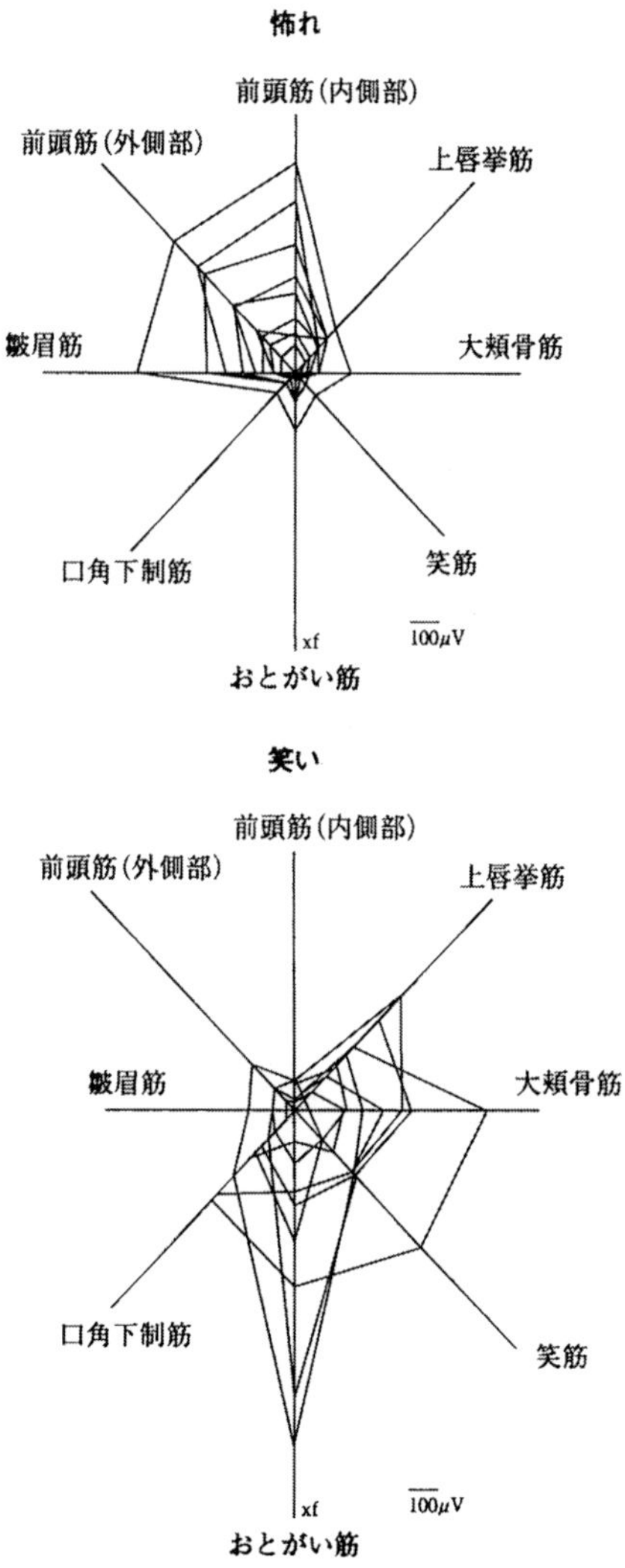

図 6-4　各表情に特徴的な筋電図パターン．頭筋の振幅は1/3に縮小してある．
（角辻　豊「顔の表情の筋電図学的研究」『精神神経学雑誌』69巻，1967，一部改変）

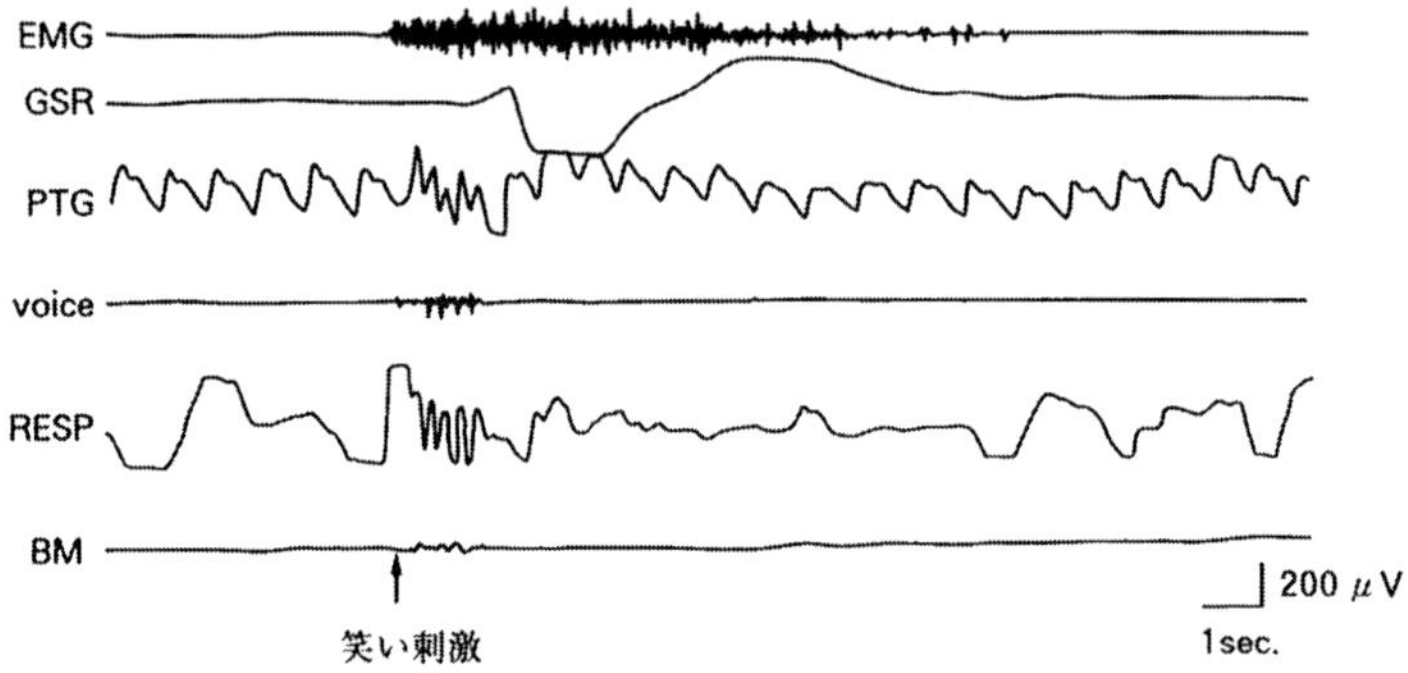

EMG：大頬骨筋筋電図　GSR：皮膚電気反応　PTG：指尖容積脈波　VOICE：音声
RESP：呼吸曲線　BM：体動

図 6-5　笑いのポリグラフィー記録
（河崎建人「笑い表情の精神生理学的研究」『精神神経学雑誌』91 巻，1989，一部改変）

みようとする試みがあるが、この温度変化も自律神経活動の変化の結果である。

3　笑い声の記録

笑い声の音は、肺からの呼気流が喉頭や口腔内で摩擦を起こしてできる摩擦音と、声帯を振動させてできる母音の繰り返しからなる。

たいていは「ハハハ……」とか、「ハッハッハッ……」と書き表されるような音だが、日本や東アジアの男性は、軟口蓋（口の奥）で摩擦の音を作って「ガハハ……」のような笑い方をすることがある。また、音として「ハ」ではなく「へ」や「ホ」に近いこともある。アメリカ人は「アッアッアッ……」のように笑うことがあるが、これは摩擦の音が弱いからである。

笑い声の出し方にはこの他さまざまなバリエーションがある。たとえば摩擦音と母音のつながり方がゆっくりで「ハッハッハッ……」となるか、「ハハハ……」と速いかどうか、長く「ハハハハハハハハ」と続くか、短く「ハハ」か、カン高い声で笑うか、低く抑えた声で笑うかなどである。

こうした笑い方の違いはコミュニケーションの上で大きな意味をもっている。たとえば、「ガッハッハ……」は優位の立場にある人の豪傑笑いであり、「ヘヘヘ」は劣位にある人の卑屈な笑いであり、「フフッ」は冷笑であるといったことなどは、ステレオタイプ化されてはいるが、笑い声のさまざまなニュアンスがコミュニケーションの上で意味をもつことを物語っている。

郡史郎は、サウンド・スペクトログラムを用いて笑い声を音響分析している。

図6-6のサウンド・スペクトログラムに記録された笑い声では、まず強い呼気が摩擦音［h］としてあらわれ、ついで人間の声としては極めて高い基本周波数（六〇〇―八〇〇Hz）を持つ「ヒーッ」のような音が続き（矢印の箇所）、その後に［a］と［h］が数回、だんだん弱まりながら繰り返されている。縦縞の色の濃い部分が母音部で、薄い部分が摩擦音にあたる。

この図の横軸は時間、縦軸はフーリエ解析した時の音声を構成する単振動の周波数をあらわし、色の濃さが各周波数での音の強さを示す。これを含めて一七種類の笑い声を選び、それぞれがどんな意味をもつ笑いに聞こえるかを日本人に判断させると、楽しいときの「快の笑い」、あざけりなどの「不快な笑い」、勝ち誇った「強者の笑い」、追従のような「弱者の笑い」の四つに分類することができた。この四種類の笑い声が音としてどのような特徴をもっているかを郡史郎の論文から引用する。

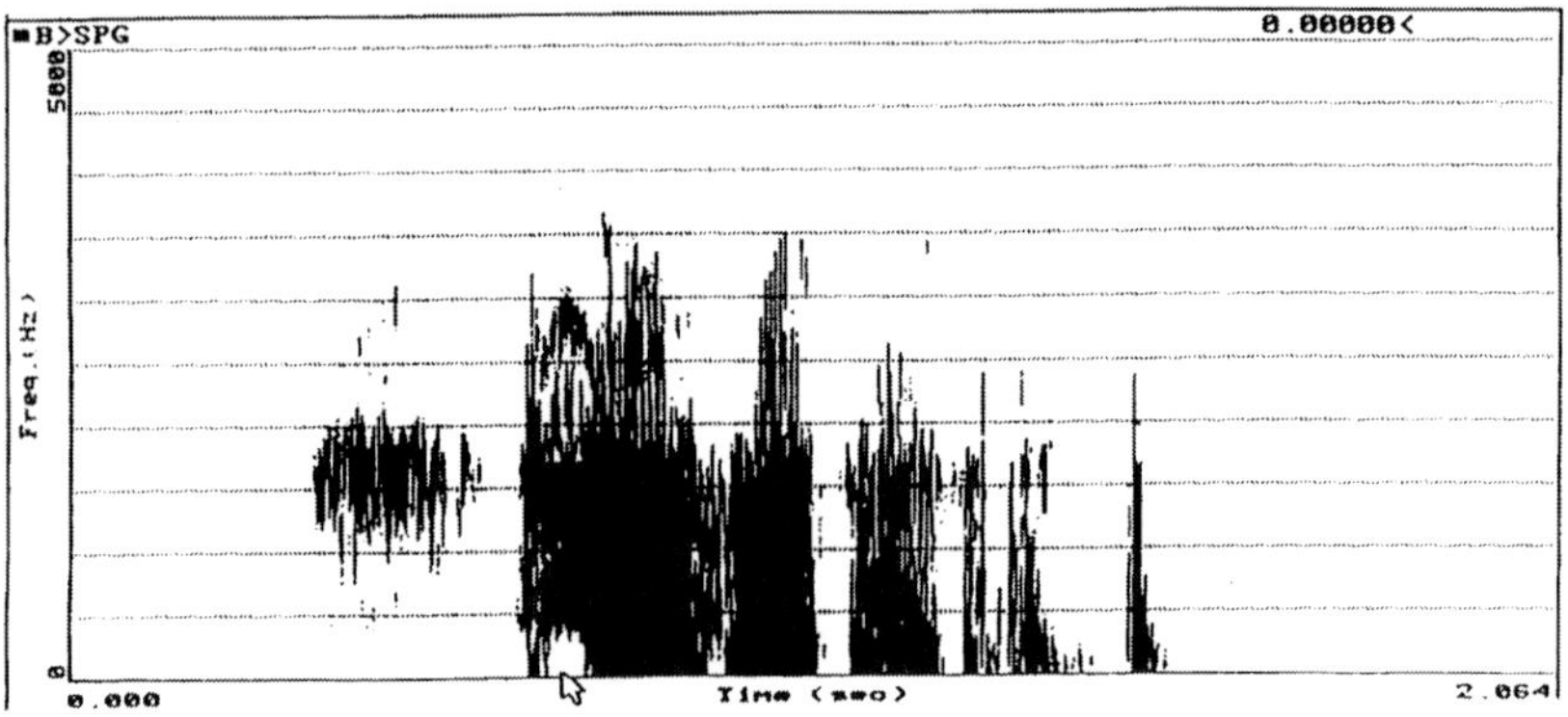

図6-6　笑い声のサウンド・スペクトラム
(提供：郡　史郎)

(i)「快」の笑い声

息が喉をこすって出るような「ヒーッ」という強いノイズが「ハハハ……」の直前にあり、しかも「ハハハ……」の声のピッチ（高さ）が高いと、滑稽なときや楽しいときの笑い声に聞こえる。

(ii)「不快」の笑い声

冷ややかな笑いやあざけりは、(i)とは逆に、最初の「ヒーッ」というノイズがない。声のピッチの高低は関係がない。

(iii)「強者」の笑い声

勝ち誇った笑いや不敵な笑いは、「ハッハッハッ……」のように「ハ」どうしの時間間隔が長い。つまり、テンポが遅い。それだけでなく、声のピッチも高い。最初の「ヒーッ」というノイズは不要である。

(iv)「弱者」の笑い声

追従笑いや照れ隠しの笑いは、(iii)とは逆で「ハ」の繰り返しのテンポが速く、声のピッチは低い。これは擬態表現の「ヘラヘラ」という音が喚起するイメージとよく合致するように思われる。「ヒーッ」というノイズが「ハハハ」の直前にあればなおよい。

4　FACS

FACSは、Facial Action Coding System（顔面動作符号化システム）の略称でありアメリカの表情研究の中心人物ポール・エクマンらによって開発された。

これは表情の動きをビデオに記録し、詳細に目で観察した結果を一定のシステムに従ってコード化して記録し表情を判定する方法である。日常生活では顔の表情は全体を一瞬で見渡し、表情全体の印象として、「嬉しそうな顔」とか「悲しい顔」と主観的に判断するが、FACSでは顔を細かい部分に分け、そのそれぞれの部分の動きを精細にみて、記号であらわし、その結果を総合して客観的に判断するようになっている。

まず顔の表情の動きを、四四の基本的なアクションユニット（Action Unit,AU,動作単位）に分け、それぞれのユニットの動きを記述し判定するが、その中から、笑いに関連した部分を取り上げてみよう。

たとえば、眉についてはその内側を持ち上げるアクションユニットはAU1であり、外側を持ち上げるのはAU2となる。また上唇を上げるAU5、頬を上げるAU6、口唇の端、つまり口角を横に広げるAU12、押し下げるAU15なども笑い表情に重要な関連をもつ。それらのアクションユニットの動きを一つ一つを調べ、たとえば口を横上に広げた自然なほほえみはＡＵ６＋ＡＵ12と記述される。

この方法は普通の表情の判定に伴う大まかさや、主観的要素を排除し、精密で客観的という特長がある。しかし表情判定には、むしろ主観が大切であるという意見もあるし、わずか数秒の表情を分析するのに二―三時間もかかるという欠点もある。

以下にＦＡＣＳによって解析された各種のほほえみについて述べてみよう。エクマンらは、ＦＡＣＳを用いるとほほえみにも五〇以上の種類があると述べているが、その一部を宇都宮大学の中村真にしたがって紹介する。

（ｉ）　自然なほほえみ（図６-７）

この場合には大頬骨筋のみ収縮していることが多く、眼輪筋の活動が加わることもある。したがって口角は横上に引き上げられ、目じりにしわができる。他の筋肉は活動しない。図はこれを示しているが、この自然な微笑は比較的長く続き、その強さはさまざまで安堵感、幸福感、快感、満足感など肯定的な感情体験の際に表出される。

ＦＡＣＳでこの微笑の基本的な形を表現するとＡＵ６（頬をもちあげる）＋ＡＵ12（口角を横に広げる）となる。

（ii）　軽蔑のほほえみ（図６-８）

左右の口角の筋肉がひきしめられ、やや上向きとなりそのまわりが隆起する。えくぼもできやすく、一見して自然なほほえみとよく似ているが、基本的な相違は口角が緊張している点であり、自然なほほえみではそうはならない。また軽蔑のほほえみでは顔の片側のみこの表情が出て、AUでは「非対称な12」となることがあるが、自然のほほえみではそうはならない。

(iii)　かみ殺したほほえみ（図6-9）

実際は、かなりの程度で幸福感、快感などを感じており、「自然のほほえみ」を表出したいのに、周囲の状況からそれを弱くみせようとしている場合のほほえみである。上下の唇をしっかり閉め、唇の口端はきゅっと結ばれ、目尻にはカラスの足あとができる。口角は口角下制筋の動きにより下方へ引き下げられる。AUでは6＋8（上下の唇を押しつける）となる。

(iv)　みじめなほほえみ（図6-10）

いわゆる苦笑いはこれに属する。AU8または17（あごを持ち上げる）で表現される。がっかりしたことや、辛いことがあるとき、隠そうとするのではなく、それを認めた上で相手に伝えようとするときや、一人でいても耐えようとしているときのほほえみである。辛いことを打ち明けようとする人によくみられる。苦しみ、怖れなどの否定的感情の表情に続いて表出されることが多く、これらを表情を否定しようとするため、かみ殺したほほえみに似た表情となるが、目の周囲の筋肉はかみ殺した微笑と異なってピンと張っており、目尻のしわはみられない。また非対称性、つまり顔の片側にみられることが多いのも特徴である。

(v)　二つ以上の感情の混ざったほほえみ

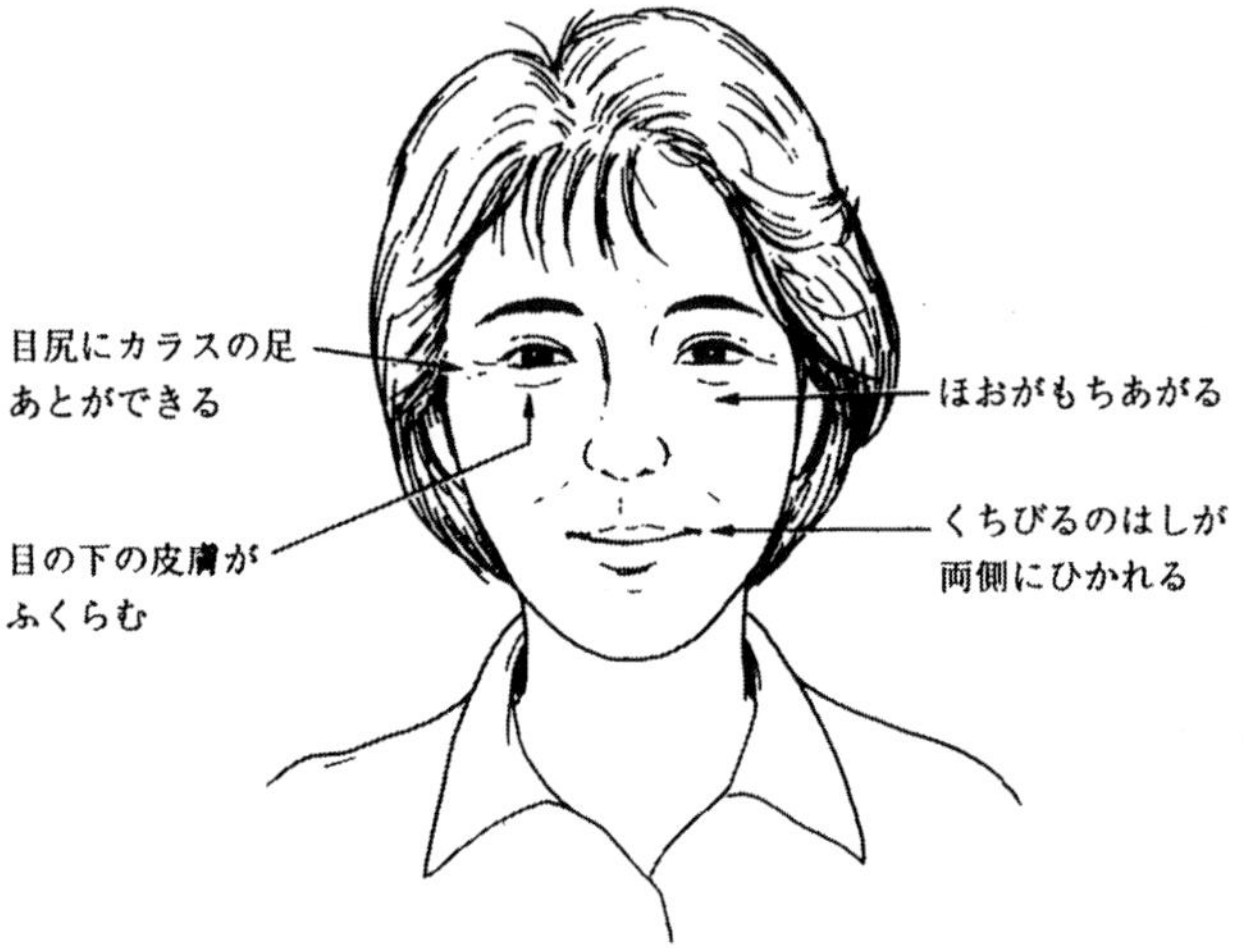

図 6-7　自然なほほえみ
（志水・角辻・中村『人はなぜ笑うのか』1994，講談社）

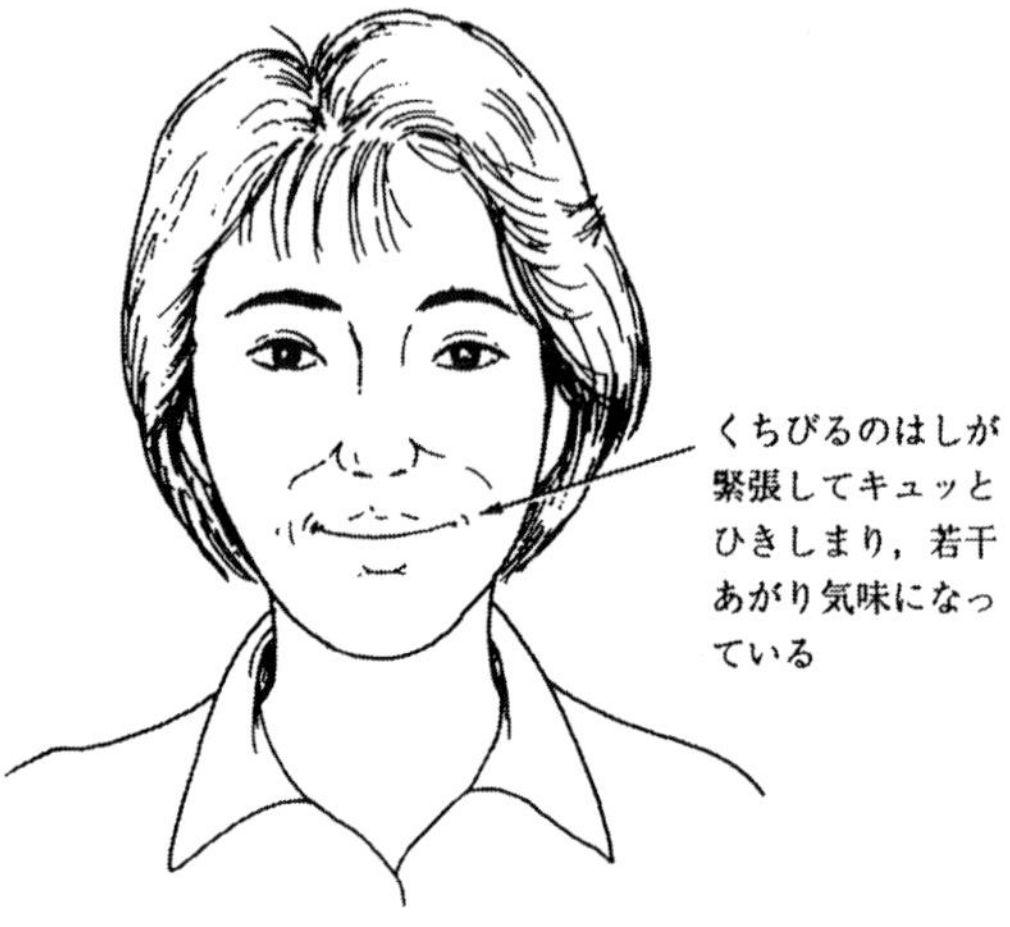

図 6-8　軽べつのほほえみ
（志水・角辻・中村『人はなぜ笑うのか』1994，講談社）

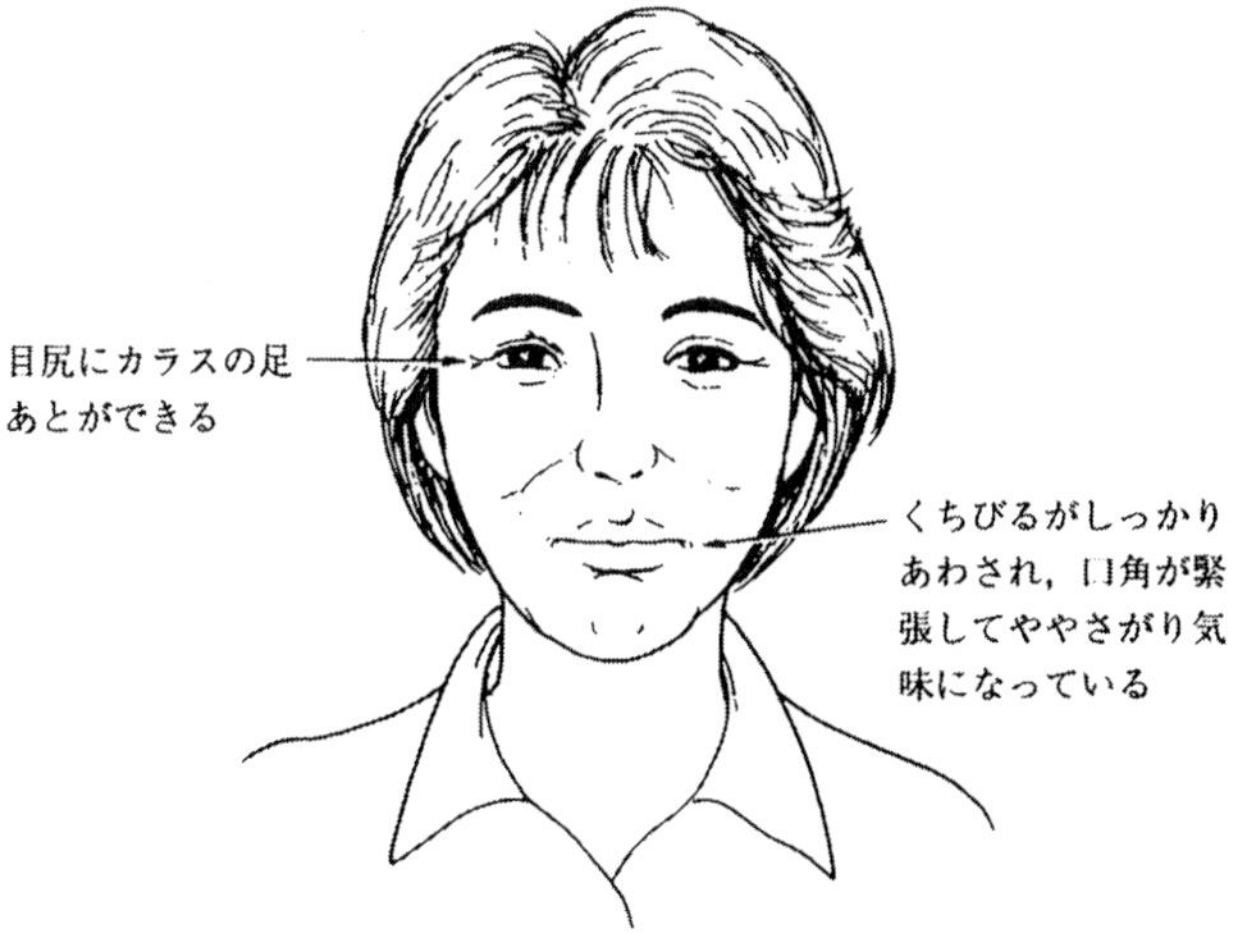

図 6-9　かみ殺したほほえみ
（志水・角辻・中村『人はなぜ笑うのか』1994，講談社）

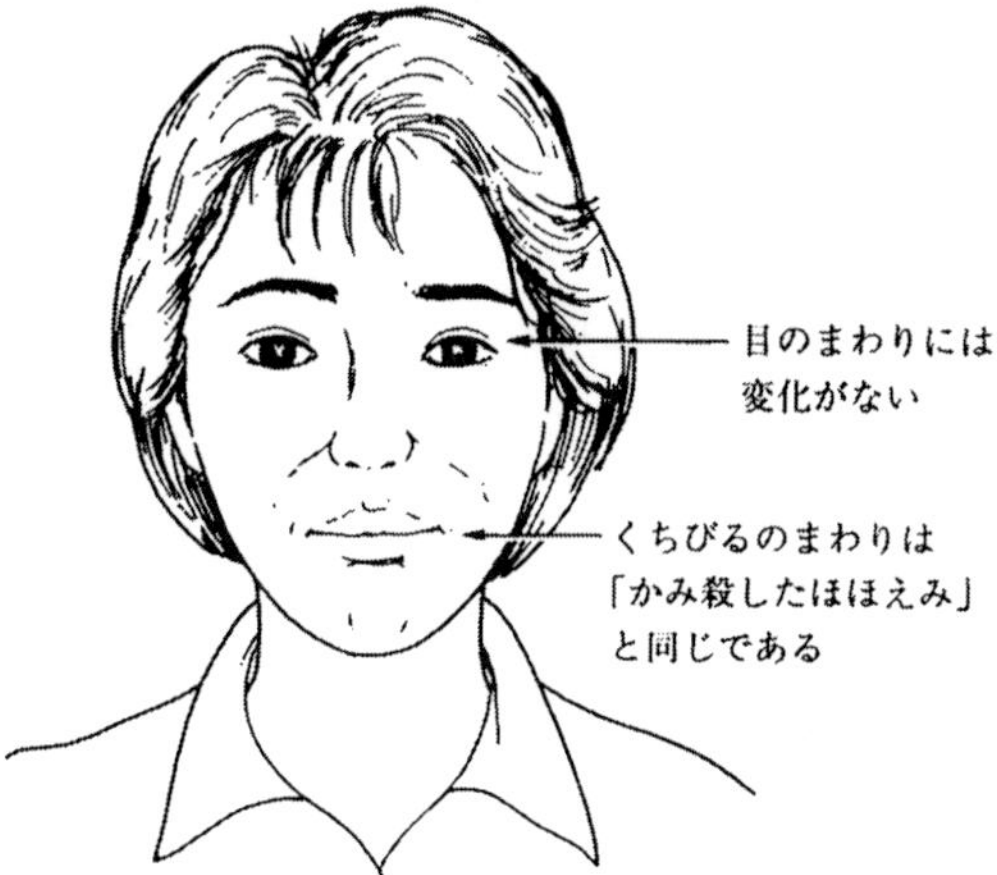

図 6-10　みじめなほほえみ
（志水・角辻・中村『人はなぜ笑うのか』1994，講談社）

①たとえば自分が怒りを覚えながらでも、そのことを肯定的に感じている場合など、怒りと混合したほほえみでは、自然なほほえみAU：6＋12に加えて、眉を下げる動作が加わってAU：6＋12＋4と表現される。

②泣き笑いである「悲しみと混合したほほえみ」では、目と眉によって悲しみが表現されるときには、AUは1（眉の内側をあげる）＋6＋12であり、口唇を「へ」の字にして悲しみを表出するときには、AU：6＋15（口角を下げる）となる。

③恐怖と混合した笑いは、たとえばジェットコースターに乗ったときの笑いであり、AU：1＋2（眉の外側を上げる）＋6＋12となる。

以下はAUとの関連ではないがエクマンのあげているほほえみをもう少し紹介する。

(vi) 緩和のほほえみと応諾のほほえみ

緩和のほほえみは、たとえば相手を批判したり不愉快なことをいったりしながら、その不愉快な部分を緩和しようとして表出されるほほえみで、意識的に行われ、素早く唐突にあらわされる。唇の両端は固く結ばれて、時に下唇が軽く上へ押し上げられる。このほほえみとともに、頭を上下に動かしてうなずく動作が加わることもある。

応諾のほほえみは、いやなことをやむをえず受け入れるときに示されるほほえみであり、顔の表情は緩和のほほえみに似ているが、うなずく代わりに眉を持ち上げたり、ため息をもらしたりする。

(vii)　調整のほほえみと傾聴ののほほえみ

調整のほほえみは、二人以上の人のやりとりを調節する協調的な軽い微笑であり、目の周囲の筋肉の動きはなく、左右非対称的なことが多い。傾聴のほほえみは、相手のいうことをよく聞き、理解していることを示すほほえみで、うなずきの動作を伴うことが多い。

(viii)　偽りのほほえみ

実際には感じていない肯定的な感情を、あたかも感じているかのように相手に伝える微笑である。このほほえみは非対称的である、目の周囲が動かない、不自然に消える、鼻にしわがよるなどの特長がある。

(ix)　顔の表情筋の動きは特長的でないが、視線の動きで特長づけられる二つのほほえみがある。

その一つは「流し目のほほえみ」であり、誘いかける方は自然のほほえみを浮かべながら、相手に対して視線をそらせている。第二は「当惑のほほえみ」で、恥ずかしいことがあったときなど、当惑したときに視線を伏せて相手の目を見ずにほほえみを浮かべる。

II　笑いの大きさの測定

1　ポリグラフィーによる「笑いのスコア」の算出

ポリグラフィーとは複数の生理学的変化を同時に記録し、それを総合してその時点での生体の状態を推察しようとする方法である。

水間病院・精神科医の河崎建人らは、笑いに際して表情筋の活動が高いほど大きな笑いであり、これに自律神経の変化が加わったり、身体を動かし笑い声を出したりする場合には、さらに大きな笑いであるとの推論に立って、これらの指標を同時にポリグラフィー記録して、笑いの大きさをあらわす客観的指標としての「笑いのスコア」(Laughing Score)を考案した。

そのために次の三つの生理学的変化を記録した。

(i) 表情筋の中で、笑いの大きさと最も関連の深い大頬骨筋の筋電図の振幅と持続

(ii) 笑いの際の呼吸曲線の変化と、指尖容積脈波(指の血流の変化を示す)の変化、および電気皮膚反応の出現の有無など自律神経反応に関するもの

(iii) 笑いの際の声や体動

これらの生理学的変化を連続的にポリグラフ計で記録し、その各一〇秒間の記録について、(i)の筋電図の振幅に応じて〇《ゼロ》点—三点、(ii)の変化の有無で〇点または一点、(iii)の変化の有無で〇点または一点を与え、その合計を「笑いのスコア」とした。

つまり顔面筋の筋放電が大きいほど「笑いのスコア」は大きくなり、さらに呼吸や血流の変化や、電気皮膚反射を伴ったり声や体動が起これば、その笑いは満点の五点とスコアされる。こうして時間を追ってその人がどの程度の強さで、どのくらいの頻度で笑ったかを図の上に示すことができる。

図6-5のポリグラフィー記録の例で、矢印のところで刺激が入って笑いが起こると、第一段の大

頬骨筋筋電図に大きな変化がみられ、第二段では笑い刺激が入ったことに自律神経が反応したことを示す電気皮膚反応が起こり、第三段の指尖容積脈波や、第五段の呼吸曲線も変動し、第四段、第六段で声を出し、身体を動かして笑っていることが示されている。

この記録では、大頬骨筋筋電図の変化の大きさから三点が、自律神経反応の出現のために一点が、体動や笑い声の出現のため一点が与えられ、この笑いの「笑いのスコア」は満点の五点となる。

次にこの「笑いのスコア」の正当性をみるために、検査をする側の人々（検者）に対し、喜劇ビデオを視聴している被験者の笑いをテレビカメラを通して観察し、その笑いを大きさを主観的に五段階評価する訓練を行った。比較的その評価が一致するようになった数人の検査者を用いて、ある喜劇ビデオを見ている三四人の被験者を観察してもらい、その結果得られた合計二三八〇の笑いを、その大きさについて主観的な五段階評価を行う一方、その同じ笑いの際のポリグラフィー記録による「笑いのスコア」を算出した。

この二つの評価点は強い相関を示し、ピアソンの相関係数は、大部分が〇・八—〇・九五の間に分布した。このことから「笑いのスコア」は、今まで主観的にのみいわれていた笑いの大きさを客観的にみる方法として妥当であると考えられるが、それ以後の実験データもこれを支持している。

2　「快の笑い」の「笑いのスコア」

「快の笑い」を誘発する刺激として、録画した喜劇ビデオを被験者に視聴してもらい、その間ポリグラフィー記録を連続して行うと、「快の笑い」の「笑いのスコア」を連続して算出することができる。

図6-11上段は、二二分および一五分間の放映時間をもつ二本のビデオを、一六歳の男性が視聴した際の「笑いのスコア」を一〇秒ごとに採点して、二〇秒ごとに時間経過に従ってあらわしたもので、この場合の最高得点は一〇点となる。

喜劇ビデオの前後に、「音楽」で示される五分間のピアノ演奏シーンが、笑いと無関係な対照として挿入されているが、この一六歳の男性は、このシーンを除く喜劇ビデオ視聴中にはほとんど絶え間なく高い「笑いのスコア」を示している。

下段に示した四一歳の女性は、同じ喜劇ビデオに対し笑いはあるものの、上段の男性より「笑いのスコア」は低く個人差のあることがわかる。

いずれにせよこの方法により、ある瞬間の、あるいは一定の時間の間の笑いの大きさを数量化してあらわすことができる。

3 「社交上の笑い」の「笑いのスコア」

「社交上の笑い」を実験的に誘発することは必ずしも容易ではない。たとえば筆者らは、「相手から『おはようございます』とあいさつされた場合を想像して表情を作って下さい」との指示により、「社交上の笑い」の表情の大きさの数量化を試みたこともある（この場合被験者が「おはよう」と

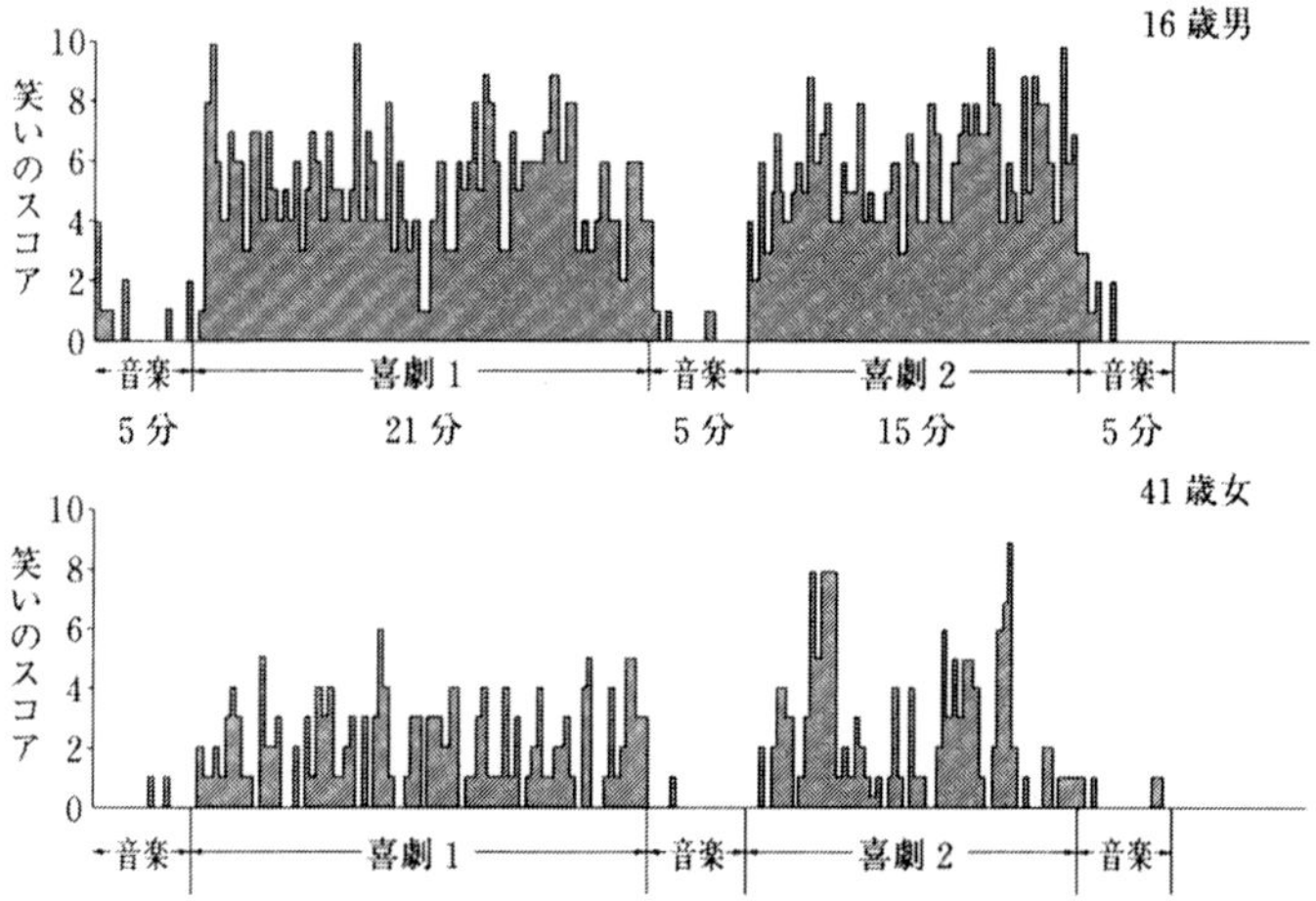

図6-11　喜劇ビデオ視聴中の16歳男性と41歳女性の笑いのスコア
(河崎建人「笑い表情の精神生理学的研究」『精神神経学雑誌』91巻, 1989, 一部改変)

声を出して答えると、表情筋筋電図の記録が乱れるので表情のみで応答してもらうことを求める)。

しかしこうした指示では、被験者により作られる表情はまちまちであり、また同じ人でも試みのたびにまちまちであった。このことはこうした指示が、実験のための刺激としてはあいまいで、刺激の量を一定にしたいとの実験の意図からはずれることを示していた。

そこで二つの試みがなされた。第一の方法は、「快の笑い」の誘発に用いる同じ喜劇ビデオを、三週間くらいの間隔をおいて同じ人に二回みせる方法である。同じビデオを二回みると「笑いのスコア」は一般に三五―四〇％小さくなる。知っているネタは笑いを呼びにくいからである。

ところが二回目の視聴に際して二人の検者が同席し、あらかじめ決めてあるシーンで笑うようにすると、被験者は二回目であるにもかかわらず一回目より大きく笑う。つまり「笑いのスコア」が増加する。これは他人が笑うから自分も笑うのであり、一種の「社交上の笑い」と考えられる。これはいわゆる、つられ笑いであり、テレビなどで笑い声を入れて視聴者の笑いを呼ぶ方法が用いられているが、この実験は定量的にその正当性を証明している。

第二の方法は、会話の際の「笑いのスコア」の記録である。この際には返事をするための発語を伴うため、発語によって大きく変化する呼吸や、体動や、指尖容積脈波は参考にできないので、大頬骨筋筋電図を二点満点でスコアした結果を用いた。

実際の実験では、「快の笑い」の誘発に用いた喜劇ビデオを見終わったあと、その内容について一六の質問を行った。質問の内容は、「今日はいつものように笑えましたか?」などそれ自身笑いを引き起こすものではない。しかし多くの被験者は「ええ面白かったです」、と答える際にほほえみを浮かべ、それが二点の「笑いのスコア」となってあらわれる。このようにして調べてみると、人によりほほえみの浮かべ方は異なり、これが「社交上の笑い」の大きさの指標となることがわかる。

「社交上の笑い」の客観的記録とその数量化は、いろいろな方面に応用できるためさらに新しい方法の開発を考案中である。

III　笑いの数の測定

笑いは日常の行為であるのにかかわらず、私たちが一日に何回笑うかという簡単な質問にも明快な答えはない。それはその日に誰と会うか、どんな出来事があるかなど、さまざまな不確定な要因で大きく支配されるからである。

たとえば同じ一時間でも、受験勉強中の学生はほとんど笑わないし、トーナメントで優勝したあとのパーティでは皆が笑い続けるであろう。また笑いの数は、性格にもよるし年齢にも左右される。羞恥心の強い若い女性は、性的なジョークで笑わないし、一七歳の陽気な女子学生は、七〇歳の寡黙な老人より多く笑う。

笑いの数についてのデータがないもう一つの理由は、これを客観的に測定する方法がなかったからである。この点についても、大阪大学精神科のグループで検討が続けられてきた。

現在、ホルター心電計という名で、二四時間を通して心電図を記録する装置が開発されている。この装置を一部改造（時定数を一／一〇〇に、感度を四・七倍に変更）した長時間筋電図記録装置を用いて、小阪病院の精神科医・東司は、数時間以上にわたって筋放電を記録しており、もっと長時間、すなわち一日の覚醒中すべての時間にわたって記録することも可能となっている。

この装置を用いると、大頬骨筋筋電図を長時間記録してその間の笑いの数を調べることができる。

大頬骨筋は、しゃべったり、食物をかんだり、飲み込んだりするときにも活動して筋放電を呈するが、笑いの際の放電をそれらと区別することはあまり難しくない。

東らが筋放電の記録と、被験者の笑いや咀嚼など詳しく観察した結果、持続が二秒以上、振幅が五〇μV以上あって、その振幅が漸増・漸減して紡錘形になる大頬骨筋筋放電は、ほぼ笑いであると判断してよいことが明らかになっている。

図6-12は、三〇歳男性のある日の一〇時四〇分から一一時までの記録であり、この二〇分間に一四回笑っていることがわかる。

この方法を用いて、東がある病院の看護士一五人につき、通常勤務中の笑いの数を半日(四時間)にわたって測定してみた。その数はもちろん人によって異なるが、四時間で一七—一三〇回、一時間あたりで二一±四・一回(平均±標準偏差)となった。つまり、おしなべて約三分に一回くらい笑っていることになる。そして六〇分間に笑いの占める時間は一・五±〇・五分であった。

看護士の勤務は一般に笑いに満ちた仕事ではない。この笑いの内容を調べてみると、大部分は「社交上の笑い」の一つである「協調の笑い」であった。たとえば、病室に入って患者に向かい「今朝の食事は全部食べましたか?」と聞きながらほほえみ、「今日は天気だから元気がでるよ」とニッコリするなどである。また同僚の看護士や医師との協力をスムーズにするための「協調の笑い」もあったが、「快の笑い」は五%以下であった。

なお、関西福祉科学大学の辰本頼弘の最近の研究では「社交上の笑い」の際の大頬骨筋筋電図の

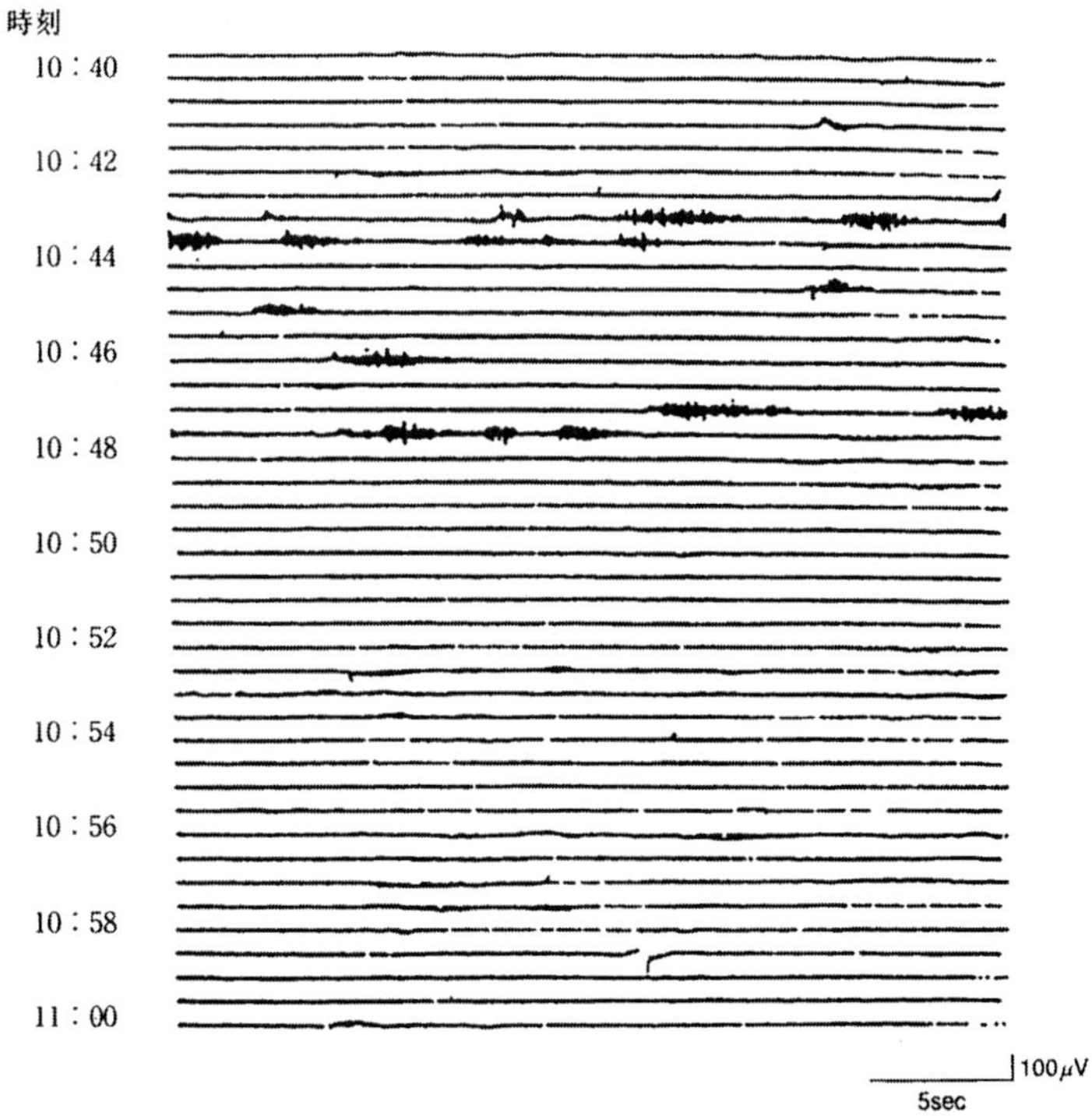

図 6-12　大頬骨筋筋電図を用いた笑いの長時間記録（提供：東）

持続時間は数秒以内と短いが親しい仲間が楽しく語り合い「快の笑い」を大笑いをする時には、数十秒に及ぶ長い筋放電がみられ実際の笑いの長さもほぼそれらに相当していた。

角辻豊は、大頬骨筋の筋放電の積分値が一定の値を越えて一定の時間持続すると、一とカウントする装置を開発し、笑いの度数計を名付けている。これはバッテリーで動くのでバッテリーとこの装置をつけて行動すると、数時間以上の自由行動の笑いの数を測定することができ、精神医学の臨床に応用しているが、そのデータについては後に述べる。

また先に述べた「笑いのスコア」を、喜劇ビデオをみながら年代別に測定してみると、四〇歳を過ぎるとスコアが低下していた。ドタバタ喜劇では特にこの傾向が強いようである。こうした方法を用いて、ようやく笑いの数についてのデータが少しずつ得られるようになってきている。

IV　大頬骨筋筋電図面積積分値による笑いの数量化

笑いの際に主として活動する筋肉は大頬骨筋である。

大阪さやま病院の精神科医・阪本栄は、笑いに際しての大頬骨筋の筋電図の面積を測定することにより、笑いを数量的に表示する方法を用いている。この方法は、一定時間内の大頬骨筋筋電図の面積の値をＡＤ変換してスパイク数として表示するもので、笑いの大きさと数を総合した値となる。

笑いの持続は別の方法で計測せざるを得ないが、ある時間内に、どのくらいの強さでその筋肉が活動したかを数量的に示す点で優れている。さらに同じ方法を用いて、眼輪筋、口輪筋など、笑いに際して活動する筋肉の筋電図の面積積分値を求めることができるので、総合的に、笑いその他の表情の研究が可能となっている。

以上この章では、笑いを客観的に記録し数量化する方法について述べてきた。はじめにしるしたように、客観的記録は自然科学的に笑いを扱う第一歩であり、極めて大切である。しかし、ベトナム戦争の極期にニューズウィークの表紙をかざった、爆撃により両親を失って号泣しているベトナムの子供の顔は、筆者には、まさに大笑いしている顔にみえた。

本章に述べたように、大泣きと大笑いとに関与する筋肉とその動きは同じであり、筋電図パターンも同じである。つまり写真や筋電図という客観的記録はあくまでその場の情報の流れの中でとらえてはじめて有用なものとなる。このことは表情を客観化してみていく上でいつも心しなければならない点であろう。

文　献

・志水　彰、郡　史郎、角辻　豊「笑いの精神生理学」『こころの科学』48、三三―三八頁、日本評論社、一九九三年。

・角辻　豊「顔の表情の筋電図学的研究」『精神神経学雑誌』69、一一〇一―一一一九頁、一九六七年。

・郡　史郎「笑い声の音響的性質」『視聴覚外国語研究』8、二一―四八頁、一九八五年。
・P・エクマン著、工藤　力訳『暴かれる嘘――虚偽を見破る対人学』誠信書房、一九九二年。
・志水　彰、角辻　豊、中村　真『人はなぜ笑うのか』講談社ブルーバックス、一九九四年。
・河崎建人「笑い表情の精神生理学的研究――笑い誘発刺激およびインタビューにたいする精神分裂病者の反応」『精神神経学雑誌』91、一五一―一六九頁、一九八九年。
・A.Shimizu, T.Kawasaki, M.Kawasaki, T.Azuma,M.Tanaka: Objective evaluation of laughing,Stress Medicine,2, pp.333-338, 1986.
・東　司「空笑の精神生理学的研究――大頬骨筋筋電図の長時間記録による――」『大阪大学医学雑誌』47、一―九頁、一九九五年。
・辰本頼弘・志水　彰「女子学生の日常生活における笑いの研究――大頬骨筋筋放電の長時間記録による――」『関西福祉科学大学紀要』2・三九―四六頁、一九九八年。

第七章　笑いの量の異常

笑いは純然たる喜びであり、過度にさえしなければ、それ自体としては善である。……われわれは大いなる喜びに刺激されるにしたがって、それだけ大いなる完全性に移行する。いいかえれば、それだけ多くの神的本性を必然的に分有するのである。

――スピノザ――

笑いの回数や大きさ、つまり笑いの量は個人によってもまた民族や文化によっても異なる。今まで笑いをこれらの点から、客観的、数量的に扱った研究はないが、一般にはたとえば南イタリア、スペインの人々は陽気でよく笑うとか、中国のホテルマンや日本の武士は笑わぬように教育されていた、というように伝えられている。また同じ人でも思春期の頃によく笑い、加齢とともに笑いが減ってくるといわれており、筆者の観察でもこれは事実と思われる。

さらに私たちは、だれでも情況によって、また気分によって、笑ったり、笑わなかったりする。入試に落第した学生や失恋した女性は当分笑わないし、初孫の生まれたおばあさんは、何カ月にもわたって孫の可愛さを人々にしゃべっては笑う。

しかし、ここに述べてきたような笑いの量の変動は正常の範囲内でのものであり、異常な変化は主として精神疾患において観察される。この章では精神疾患に関連した笑いの量の変化を大阪大学精神科での研究を中心に述べてみたい。

I 感情障害（うつ病と躁病）の笑い

笑いの量の増減が、最も著しいのは何といっても感情障害の場合である。感情障害では快・不快、喜怒哀楽などの感情状態が周期的に変わり、これに伴って思考や行動も変わってくるし、身体の症状もあらわれる。

感情障害の症状には大まかにいって、うつ状態と躁状態があり、頻度としては圧倒的にうつ状態が多い。

うつ状態では気分が落ちこみ、すべてのことが楽しくない。前途を悲観し、自分のいったことやしたことに罪悪感を抱き、周囲の人々が自分を批判的にみているように思い込む。意欲も減退して言葉数も少なくなり、行動量も少なく、仕事や学校を休んで自室にこもりがちとなる。さらにすすむと自殺を考えたりする。こうした状態は普通三―六カ月続く。

逆に躁状態では気分が高揚し、何事も楽しく感じ、自己評価は高く、前途にも楽観的で言葉も行動も多くなる。しかし行動にはまとまりがなく、実りのある結果を残せないのみならず、しばしば非現実的、実力不相応の言動をすることにより他人の評価を下げる。この状態も三―四カ月続くことが多い。

うつ状態と躁状態の両方がみられる躁うつ病（両極型感情障害）のほか、うつ状態のみを繰り返すうつ病（単極型）、躁状態のみの躁病（単極型）が区別される。

一口で言うとうつ病では笑いの量は減少し、躁病では増加する。そしてその量の変動は、うつ病や躁病の症状の強さにほぼ比例する。

1　うつ病の場合

臨床的な知見　うつ病は最近著しく増加し、軽度のものを含めれば三〇％前後の人が一生に一度はこの状態におちるといわれるほどポピュラーなものである。

その原因は、失恋、入試の失敗など精神的なストレスによるものもあるし、遺伝的に規定されたものもある。うつ病になると気分がおちこみ、何事にも楽しさを感じなくなる。

表情も図7―1のように陰うつとなり、当然「快の笑い」が減少することが予想されるが、日頃その人と接している家族や、周囲の人々の経験でもその通りであり、今まで笑っていた状況でも笑いが出なくなる。またその数少ない笑いも、心からの楽しい笑いでなく、どこか弱々しく感じられる。

そこで家族の人は、「この頃いつもふさぎこんでいてめったに笑いません」、「いつもむずかしい顔

図7-1　うつ病患者の陰うつな表情（演技）
（平井・関谷『目で見る精神医学』1988，文光堂，写真撮影：大橋富夫）

ばかりしています」と訴える。

ところが医師の治療の場では、うつ病の患者の大部分は「社交上の笑い」を失っていない。かなりうつ症状が強いときにも、「この頃気分はいかがですか？」と質問すると、「ええ、まあまあです」とほほえみをうかべて応答する。このため経験の乏しい医師は、ともすればうつ症状を軽く考えがちであり、こうした傾向は医師に対した時だけでなく、会社や近所の人など、あまり親しくない人との交流の場でも見られる。

これはうつ病におちいる人の性格特徴と関係している。うつ病患者の病前性格として、勤勉、几帳面、まじめ、責任感が強いなどの他、他人に対する心遣いが普通の人より強く、良好な関係を保とうとする傾向が大きいことが指摘されており、これは礼儀正しい態度とか、人の見る目を気にするなどの形であらわれる。

そこでうつ病患者は、気分がおちこんで他人と話をしたくなくても、会話の場では相手を大切に考えて、ほほえみをうかべながらそれなりの対応をするため「社交上の笑い」は減少しないのであろう。これらの点についての精神生理学的なデータを阪本栄の研究を中心に述べる。

笑いの量の変化

(i)　快の笑い

臨床的知見から予想されるとおり、客観的記録からみても、うつ病患者での「快の笑い」は減少していた。

二〇名のうつ病患者（男六名、女一四名、平均年齢四八・七歳、標準偏差一二・〇歳）と、同年代の同じ二〇名の正常者（男一四名、女六名、平均年齢三〇・七歳、標準偏差六・〇歳）に同じ喜劇ビデオを一五分間視聴してもらった結果では、正常者の笑いの数は、この一五分間に、平均二三・八回（標準偏差七・二回）であるのに対しうつ病患者では一四・〇回（標準偏差四・九回）で約半分に減少していた（Wilcoxon test,P＜0.05）。

この場合の笑いとは、第六章に記した方法で、ビデオ視聴中の表情筋筋電図の面積積分値を求め、その値が大頬骨筋での増加に加えて、眼の周囲の眼輪筋、または口の周囲の口輪筋のどちらか一つ、または両方が、一定以上の大きさを示した場合をとった。

また第六章に述べた方法でポリグラフィー記録をとりながら、二編の喜劇ビデオを視聴している間の「笑いのスコア」を記録してみると、いずれの喜劇の場合でも、図7-2にみられるように、上段の正常者に比べて下段のうつ病患者では、「笑いのスコア」は明らかに小さかった。このことは、すべての被験者のスコアを統計処理した結果でも同様で、正常者に比べてうつ病患者のスコアは著しく低かった。すなわち、一五名のうつ病患者（男九名、女六名、平均年齢四八・六歳、標準偏差八・四歳）と、同年代の正常者一五名（男九名、女六名平均年齢四九・二歳、標準偏差六・五歳）の三六分間の喜劇ビデオ視聴中の「笑いのスコア」は、図7-3に示すように明らかにうつ病患者では低い値を示した（p＜0.01,t-test）。

この笑いの量の減少は、うつ症状が改善して正常に近づくと少なくなり、精神症状が正常にもどると、笑いの数も正常に復した。

図7-4は、四五歳のうつ病患者の例であり、上段には、抑うつ症状が強くて日常生活でもほとんど笑わず、現在の状況や未来につき、何事も悲観的に考えていた時期に、喜劇ビデオを視聴したときの記録から求めた「笑いのスコア」であり、ほとんど笑いが記録されていない。なおこの間、下を向いてビデオをみていなかったのではないことは、眼の動きの記録から確かめられている。

ところが約三カ月たって、抑うつ症状が改善し、ほぼ正常に喜怒哀楽が感じられるようになった時期には、図の下段に示すように、「笑いのスコア」は著明に大きくなっている。図からは、

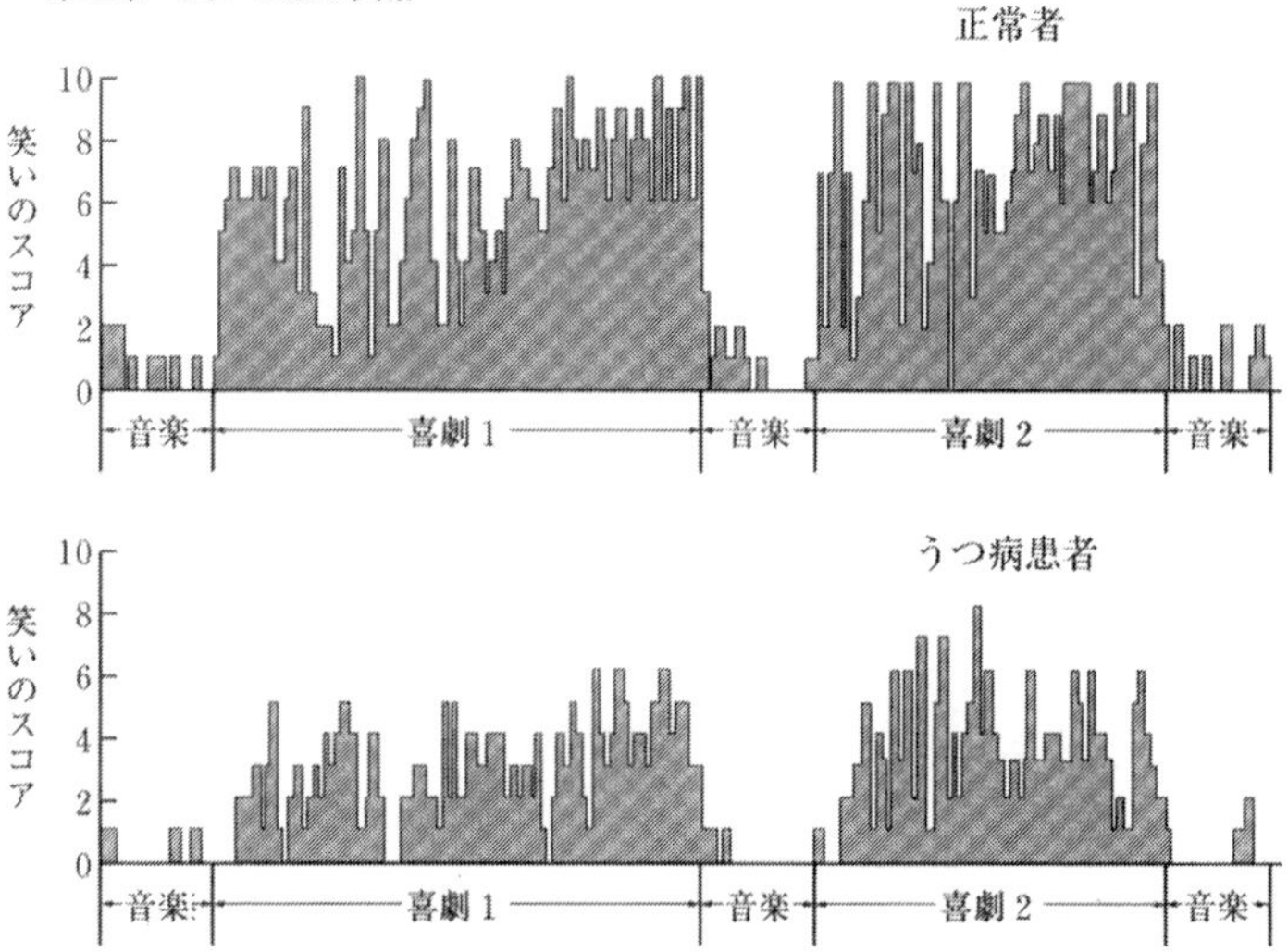

図 7-2　喜劇ビデオ視聴の間の笑いのスコア（正常者とうつ病患者の比較）
（阪本　栄「うつ病者の笑いの精神生理学的研究」『大阪大学医学雑誌』47 巻，1995，一部改変）

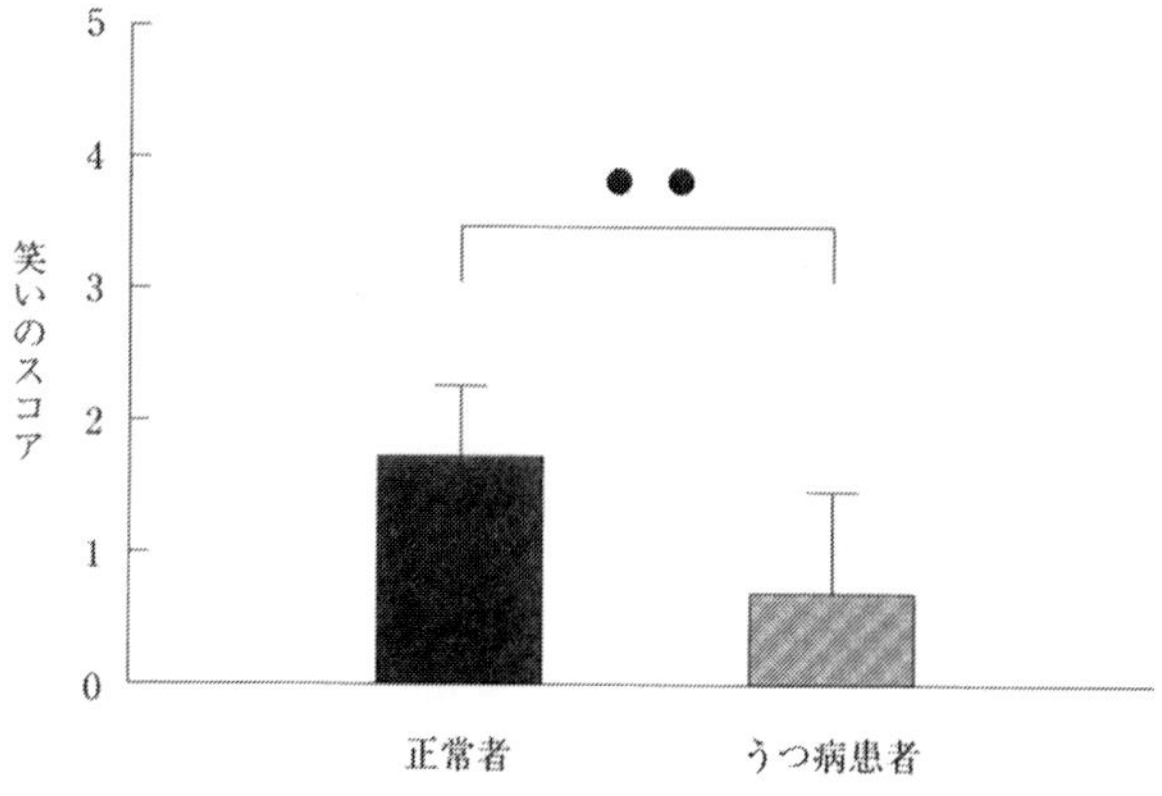

図 7-3　正常者およびうつ病患者の喜劇ビデオ視聴中の笑いのスコア
（阪本　栄「うつ病者の笑いの精神生理学的研究」『大阪大学医学雑誌』47 巻，1995，一部改変）

なお「笑いのスコア」が小さく感じるが、これがほぼこの人の本来の値であり、笑いの量がおおむね回復していることがわかる。このように、「笑いのスコア」の大きさは、抑うつ症状の強さとほぼ平行していた。

なお、抑うつ症状の強さの判定は、医師の観察および抑うつ状態の強さの代表的な二つの尺度である、ハミルトンうつ病評価尺度と、ズングの自己評価抑うつ尺度によった。

さらに笑いの量を測定する別の方法である大頬骨筋筋電図の面積積分値をもとめ、その大きさをうつ病患者と正常者で比較してみると、やはりうつ病患者でその面積積分値は有意に小さく（Mann-Whitney test,P＜0.05）、抑うつ症状が消失すると大きくなり笑いも大きくなったことを示していた。

これらのことからの「快の笑い」については、その数も大きさもうつ病の状態ではその症状の強さに比例して減少し、病状の回復につれて回復すると考えられる。

(ii)　社交上の笑い

第六章に述べた方法で、「快の笑い」について喜劇ビデオ視聴中のポリグラフィー記録により検討した後、被験者に一六の質問からなるインタビューを行い、その応答の際のほほえみを、大頬骨筋筋電図の大きさから採点して、うつ病患者および正常者それぞれ一五名について「社交上の笑い」を検討した。

その結果、図7-5に示された一例のように、こうした「社交上の笑い」は抑うつ症状の比較的強い時にも僅かしか減少せず、その差は統計的に優位ではなかった。すなわちうつ病患者は、気分が落ちこみ「快の笑い」は著しく減少している状態でも、インタビューの相手には気を遣い、答えの際にはほほえみを浮かべて答えることが多い、という結果が得られ、臨床経験からの印象を裏づけた。

このように、うつ病患者では「快の笑い」は大きく減少しているのに、「社交上の笑い」はさほど減っていない。この事実は医師にとって一つの警告となる。なぜなら医師は、うつ病の人が他人に気を遣うと知っていても、インタビューの際、たとえば「いかがですか？」と聞いて、「えー、まあまあです」とほほえんで答えられると、ついその抑うつ症状の強さを見逃すことがあるからである。したがって、一日の比較的長い時間にわたって笑いの数を記録することは、抑うつ症状の強さを知る上で重要であると思われる。この点について調べた角辻豊の研究を本章3で紹介する。

2　躁病の場合

うつ病は気分が落ちこみ、何事にも楽しさを感じず行動も不活発になるが、その反対の感情の変化、つまり感情の高揚をきたし何事も楽しく感じ、多弁、多動つまり大声で無意味なことを絶え間なくしゃべり、多くの無駄な行動をするような場合が躁病である。

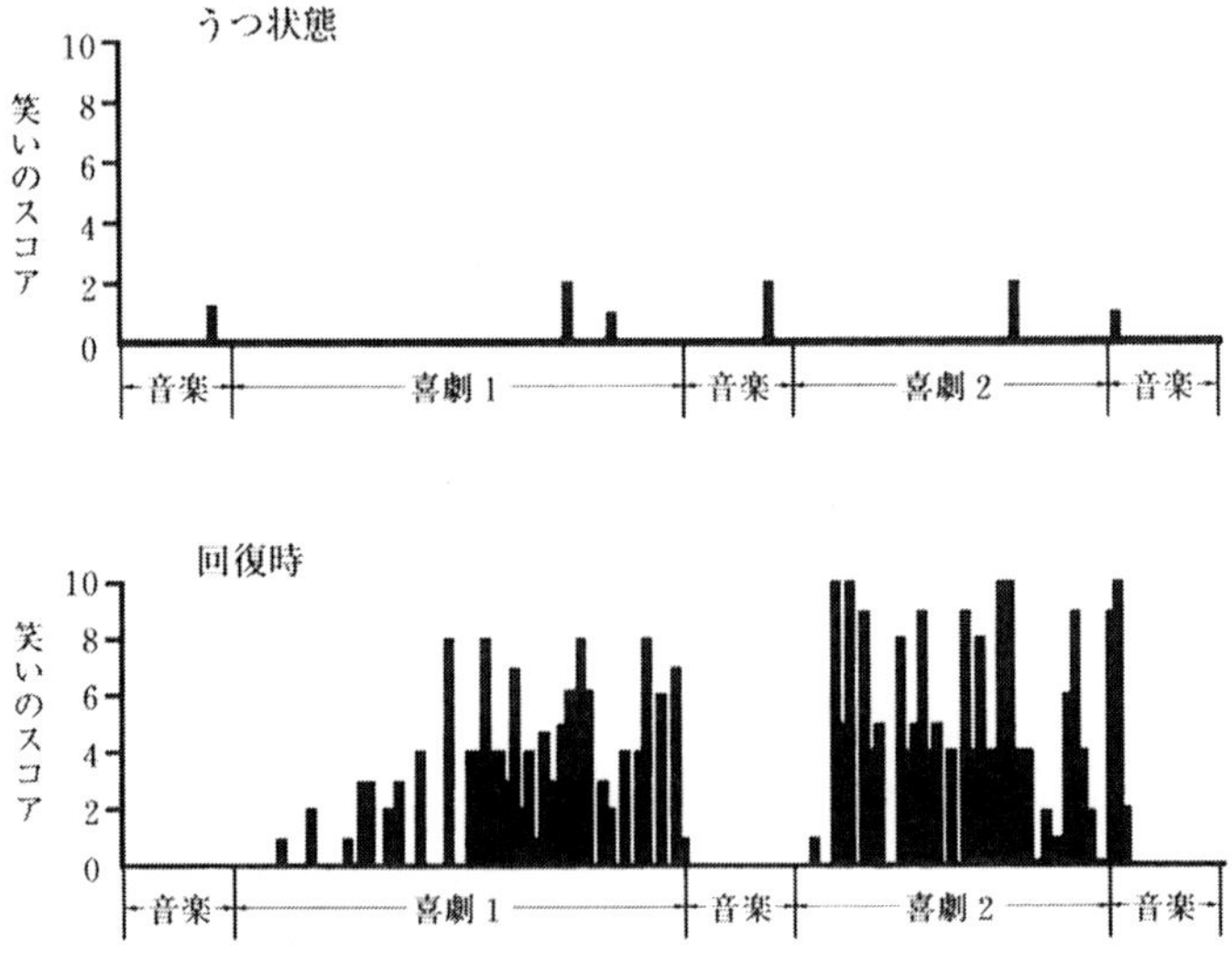

図 7-4　うつ病患者のうつ状態の時（上段）および回復時の笑いのスコア
（阪本　栄「うつ病者の笑いの精神生理学的研究」『大阪大学医学雑誌』47 巻，1995，一部改変）

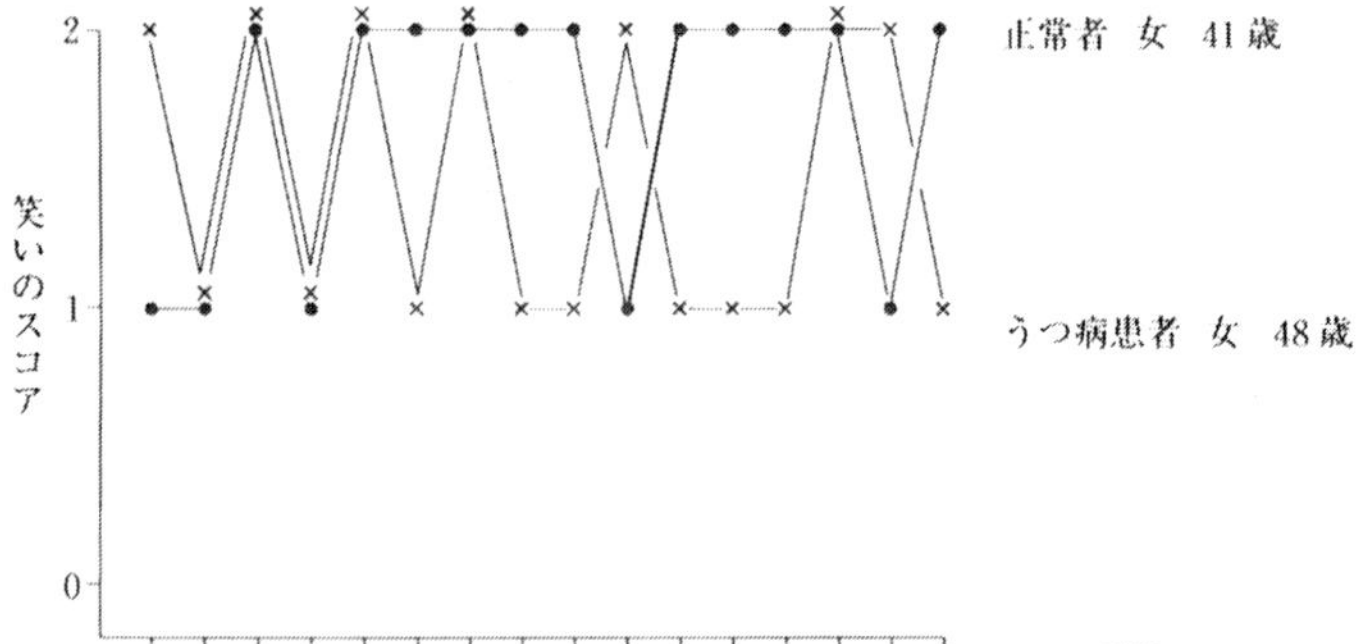

図 7-5　正常者，うつ病患者のインタビューに対する笑い反応
（阪本　栄「うつ病者の笑いの精神生理学的研究」『大阪大学医学雑誌』47 巻，1995，一部改変）

図7-6にその高揚した状態の表情写真を演技で示す。現在感情が落ちこんだり、高揚したりするのは、脳内のカテコールアミンやセロトニンなど、生化学的にはモノアミンに属する物質の変化によって起こるとの説が有力である。これらのモノアミンを介しての神経伝達が正常より増加すれば、高揚した気分になって躁病に、減少すればうつ病になる。

たとえば、パーキンソン病という手指が震えたり、動きがスムーズでなくなる病気の場合に、カテコールアミンの一つであるドーパミンを増加させる物質、ドーパを投与すると、躁状態を引き起こすことがあるのは、映画にもなった『レナードの朝』で鮮やかに描かれている（このように精神疾患以外で気分が高揚した状態になったときは、躁病といわず躁状態と呼んで区別している）。

このため感情障害の場合は、一人の患者がうつ状態になったり、逆に躁状態になったりすることを繰り返す場合があり、躁うつ病、または双極性感情障害と呼ばれる。しかし抑うつ状態のみを繰り返し、躁状態のない人も多く、精神医学では単極性感情障害と呼んでおり、うつ病とはほぼ同義語である。逆に躁状態のみを繰り返すことは稀である。

さて、躁病の状態では何事も楽しく、精神の活動が異常に活発になっているため、笑いの数は異様に増加するし、笑いも表情も正常より大げさで、「何か普通でない感じ」を与えるが、これについてはまだ客観的な研究は行われていない。この場合の表情筋の筋活動は、正常の人の「大笑い」とほぼ変わらないが、それが正常より長く続き、またはるかに頻回にみられることになる。

次に「笑いの度数計」を使用して、躁およびうつ病の時の笑いの数を記録した角辻豊のデータを

図 7-6　躁病患者の高揚した表情（演技）
（平井・関谷『目でみる精神医学』1988，文光堂．写真撮影：大橋富夫）

紹介する。

3　笑いの度数計による躁うつ病の笑いの記録

「笑いの度数計」(第六章参照)を用いると、自由に日常行動中の笑いを数時間にわたって数えることができる。

図7-7はこの装置を用いて、三時間の日常生活の間の、笑いの数を記録したものである。上段に示した四二歳の患者は、抑うつ状態の他に感情が高揚し、活動性が高まる躁状態を併せもつ躁うつ病(双極性感情障害)に罹患している。

この人はこの年の一月には抑うつ症状が強かった。この図で縦のスケールは、臨床症状上の評価を示し、基線より上は躁状態であり、上にあるほど症状が強い。基線より下はうつ状態で、下にあるほど抑うつ症状が強い。実線は症状の臨床的評価をあらわす。笑いを記録した日は各点で示され、そこに入っている数字が、その日の三時間の間の笑いの数であり、その推移は点線であらわされている。

横軸の左端は一月一日、右端は五月一日の記録であり、大体毎月一回の測定が行われている。抑うつ症状の強い一月一日には三時間にこの装置で測定できた笑いは〇《ゼロ》回であった。

二月になって抑うつ症状が改善に向かうと、この回数は一六回とやや回復した。ところが三月になって、躁状態となり、常に楽しい気分となり、また非常に活動的となって昼間は友人を訪ね歩き、深夜まで電話をする状態となり、しばしば大声で笑った。この際の笑いは四〇七回と極めて多かった。

なおこの装置では、すでに述べたように大頬骨筋の筋放電が一定の状態に達すると、一回とカウントされるため、大きく長い笑いは、それが連続した一回のものでも三—四回とカウントされることがあるので、この回数は若干割り引かなければならないが、いずれにせよ多数の笑いが記録され

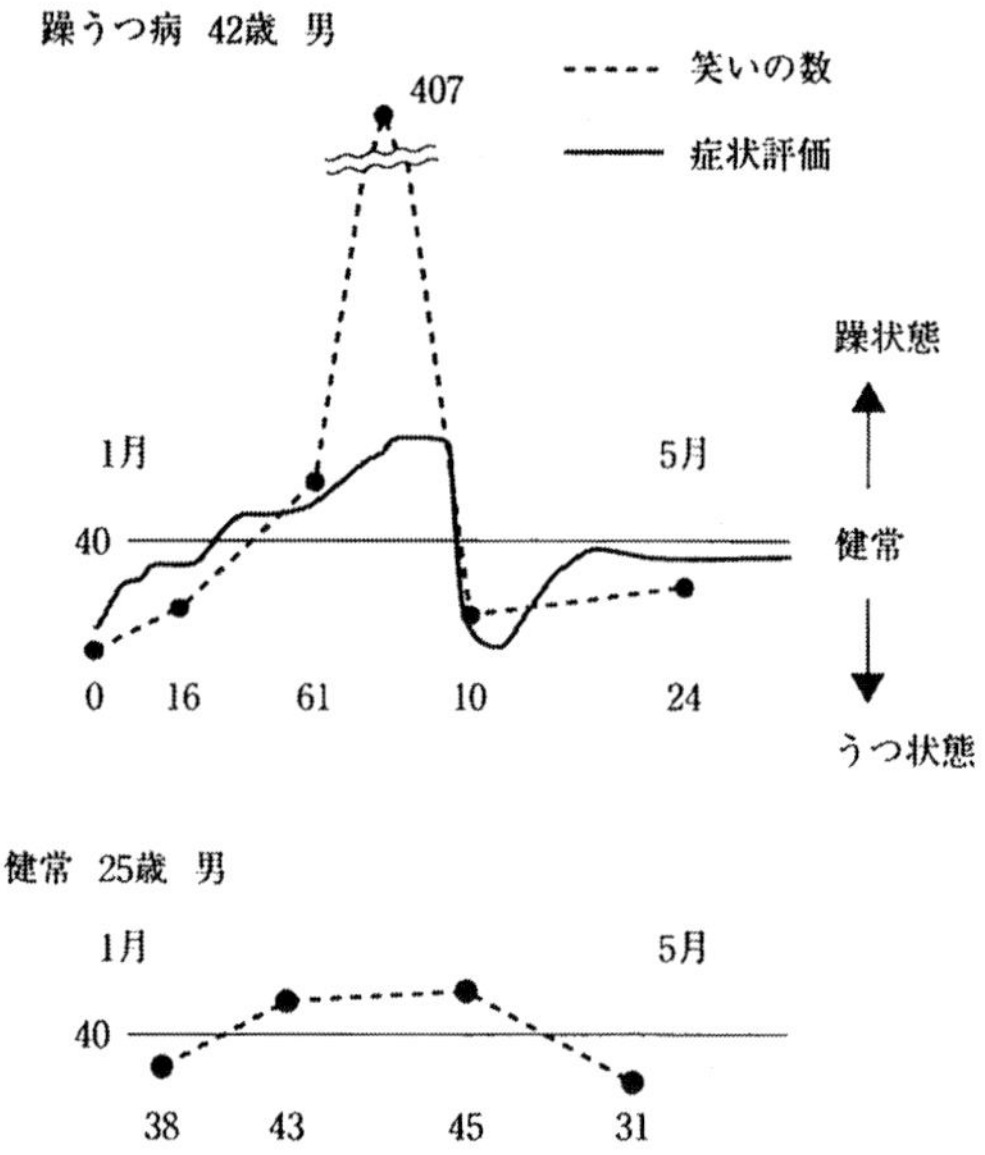

図 7-7 躁うつ病者と健常者の笑いの回数のちがい（角辻）
（志水・角辻・中村『人はなぜ笑うのか』1994，講談社）

た。

四月に入って躁症状が急速に消退して、むしろ抑うつ状態となると、笑いは三時間に一〇回と減少し、五月に精神状態がほぼ正常に回復するとともに、二四回と本来の値に近づいている。

一方、対照とした正常人の笑いの数は下段に点線で示され、一貫して三時間に四〇回前後の笑いが記録されている。

このように客観的に笑いの数を調べてみると、それがうつ状態および躁状態という感情障害の強さとよく並行していることがわかる。

4　臨床体験から

うつ病の治療は、精神科医の主な仕事の一つである。現在自殺はわが国の死亡原因の四―五位を毎年占めているし、学生層に限れば第一位である。そして自殺を試みる際には冷静で客観的に考えて行う場合は少なく、多少とも病的な精神状態になっていることが大部分である。

筆者は大阪大学精神科に在任当時、自殺をはかり、未遂に終わった人と話す機会が多かったが、それらの人々の多くは当時をふりかえって、「判断をあやまっていた」とか「何でも悪く考えてしまった」と述べ、抑うつ状態にあったことを認めているが、多くの統計でも自殺企図を試みる人の、少なくとも半数は抑うつ状態にあることが知られている。

こう考えてくると、抑うつ状態を正確に判定することは医学上極めて大切なものであることがわかるが、その一つの有力な手段が表情をみることである。それによりたとえば、電話で話したときよりはるかに多くの情報をとることができるが、その中でも、笑いが特に大切である。

ここに述べてきた笑いの量や、次に述べる質を客観的に把握することをさらにすすめて、日常臨床に応用したいと考えている。

II 精神分裂病の笑い

1 臨床的な知見

精神分裂病は精神病の中核をなす疾患であり、その治療は精神科医の最大の課題である。

この疾患の症状は極めて多彩である。妄想などの思考障害、実際には存在しない声を聞く幻聴などの知覚障害、感情の動きが不安定になったり、乏しくなったりする感情障害、周囲に無関心となる自閉症状や、突然の興奮などの行動異常など、多くの精神機能がそこなわれる。

そしてその主な症状や経過から、解体型、妄想型、緊張型の三型に分けられる。場合により、これに単純型、残遺分裂病を含めた五型に分けられている。ほとんどの精神分裂病患者で、笑いの量が減少し、さらに笑いの質にも変化が起こるが、ここではまず量の変化について見てみよう。

精神分裂病で笑いの量の減少を示すのは、社会との接触をたち、自分の心の中で独自に構築した世界に入りこんで、自分だけで生きようとする患者群の場合であり、解体型の一部と、妄想型の一部が含まれる。

病気の初期には、これらの患者は被害妄想をもつことが多い。妄想とは誤った内容の考えであるのに、本人はそれを確信し、他人がその誤りを訂正することが困難なものをいうが、被害妄想では、その考えの内容は、本人にとって都合の悪いもの、苦しみを与えるものとなる。

たとえば、発病の結果、段々と授業についていけなくなってきた受験校の高校生が、学校へ行くと友人が馬鹿にした目でみる、近所の人々も、「あの子は頭が悪いよ」と集まってうわさをしているなどと、事実に反することを信じる。こうした被害妄想に悩まされる状態が長く続くと、患者に二つの方向の反応のいずれかがおこる。

一つは、「なるほど近所の人々は、自分のことを頭が悪いと思ってはいるが、神様は私を天才だと思ってくれている。その証拠に『お前は天才だ』との声が聞こえてくる（幻聴）」、というように自分に都合のよい別の妄想、多くは誇大妄想を新たに構築したり、自分に都合のよい幻聴を聞いたりし、それによって被害妄想が与えるストレスから、自らの心を守ろうとすることである。こうしていわゆる系統妄想が形成される。

もう一つの反応は、自分のまわりのごく狭い範囲に殻を作って閉じこもる、つまり内閉的になることである。

学校へ行こうとすると、途中で近所の人々から、そして学校に着くと友人から、絶えず与えられていると信じるストレスから逃れるため、患者は家から出なくなり、結果としては学校を休む。やがて学校を休むだけでなく、外出そのものをしなくなる。その後しばらくは家族とは話をしたり共に食事をとったりするが、時とともに兄弟、さらに父親も妄想の対象となり、それらの人々を避けて自室にこもる。母親だけとは交流が保たれることが多く、母と子のつながりの強さを感じさせる。

いずれにしても、患者は精神的なストレスを与える源であると信じている他人を避けて、自らの中にこもり、程度の差はあれ社会との接触を避けて、自分だけの世界に生きるようになる。そして精神分裂病で、著しく笑いの変化するのはこうした場合である。社会とのコミュニケーションを避けるのであるから、当然あいさつなど「社交上の笑い」は減少すると考えられるが、事実、医師とのインタビューの場面でもこうした患者は表情が乏しく、笑いは少ない。

また自分の外界の世界とは距離をおくのであるから、外の世界での楽しいこと、つまり快の刺激は十分には受け入れられない。したがって「快の笑い」も減少する。

またこうした経過をとるタイプ以外の精神分裂病患者でも、喜怒哀楽など感情の表出が一般に低下している場合もある。この場合には、おそらく感情の動きそのものが乏しくなっていると考えられ、感情の平板化と呼ばれているが、この場合には笑いの減少はその一つのあらわれであると考えられる。

こうした笑いの量の変化を客観的、生理学的に検討してみよう。客観的なデータでみても笑いの量は全体として減少する。次に「快の笑い」と「社交上の笑い」に分けて述べる。この点についての研究は数少ないがその中で出色である河崎建人、阪本栄のデータを中心に述べることとする。

2　笑いの量の変化

(i)　快の笑い

被験者となる精神分裂病患者に、記録のための電極を装着した後、一人で部屋に座って喜劇のビデオを視聴してもらい、その間の笑いの反応のポリグラフィー記録を第六章に述べた方法で行い、その間の「笑いのスコア」を二〇秒ごとに算出する。

図7-8はその結果の一例である。上段の正常者に比べて下段の精神分裂病患者では、最初の喜劇の二一分間でも、五分間の休憩をはさんだ第二の喜劇の一五分間にも「笑いのスコア」が著しく低いことが明らかである。なお中段には、うつ病患者の記録を参考のため示した。

この点を、解体型一二名、妄想型一二名、計二四名の精神分裂病患者（男一二名、女一二名、平均年齢三一・三歳、標準偏差八・七歳）と、三四名の年齢のほぼ一致する正常者（男一八名、女一六名、平均年齢三四・三歳、標準偏差一四・八歳）とで比較してみると、表7-1に示すように、一人でビデオを視聴しているときには、二〇秒間の「笑いのスコア」は、正常者で平均値一・七九、標準偏差〇・八四すなわち二〇秒間に約一・八回笑っているのに対し、精神分裂病患者では、平均〇・六二、標準偏差〇・四三と、二〇秒間に約〇・六回しか笑わず、この差を統計的に検討してみると有意であった（P＜0.001, Wilcoxon の順位和検定による）。

さらに実験終了後のインタビューで、この喜劇をどの程度おもしろく感じたかについて質問したが、その際にも正常者の方が、はるかにおもしろく感じたと答え、これも統計的に有意で

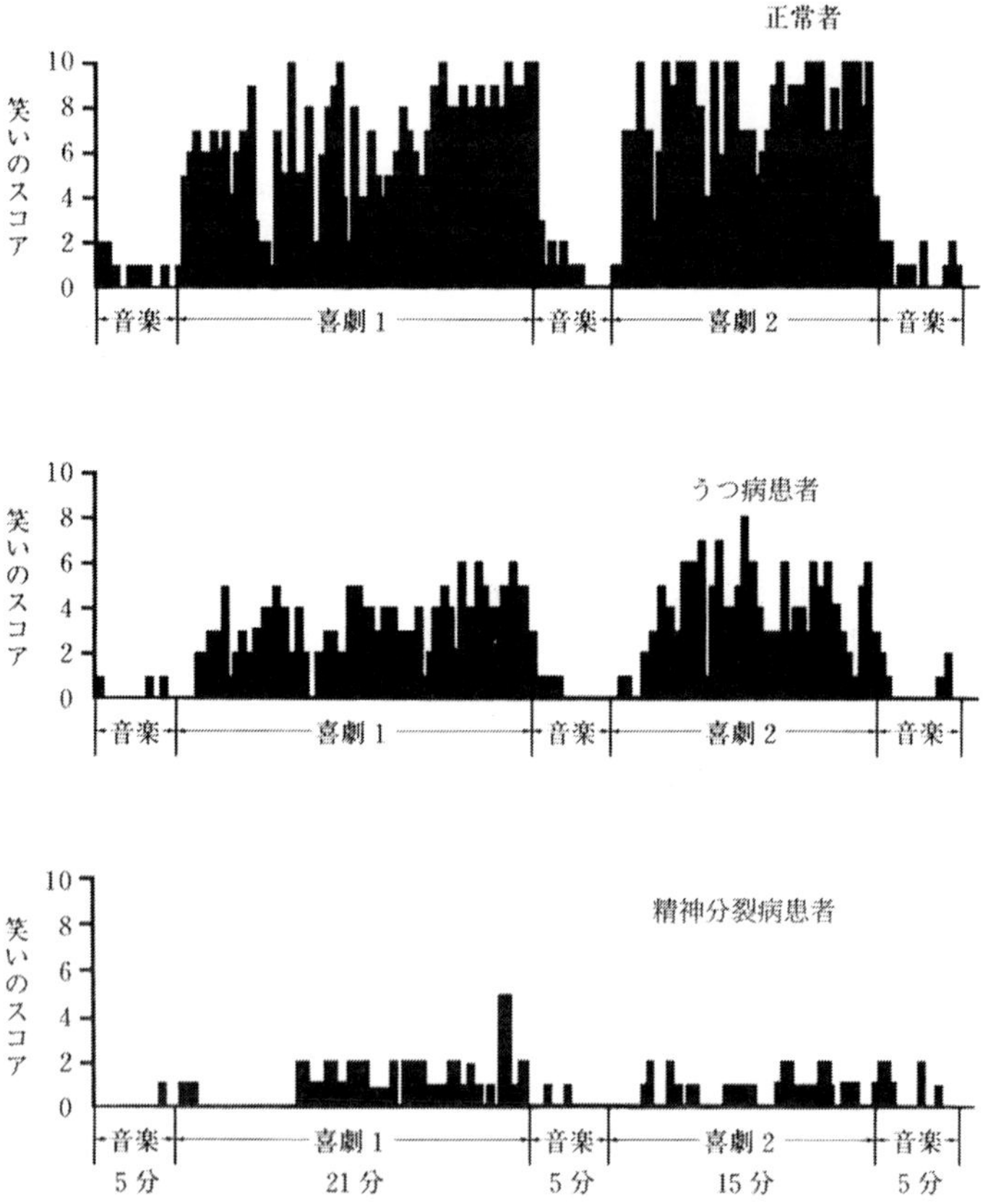

図 7-8 喜劇ビデオ視聴中の笑いのスコア（正常者と精神分裂病患者の比較）
（坂本 栄ほか「うつ病者の笑いのポリグラフィー的研究」『臨床精神医学』21，1992，一部改変）

あった（P＜0.01, Wilcoxon の順位和検定による）。つまり主観的にも精神分裂病患者は、快刺激のうけとり方が少なく、客観的に記録した笑いも乏しかった。

（ii）社交上の笑い

「社交上の笑い」を同じ被験者について、第六章に述べた二つの方法を用いて検討した。まず喜劇ビデオを視聴してもらって、ポリグラフィー記録を行った後、一週間後に同じビデオをみせて同じ記録を行い、この際に二名の検査者が同席してあらかじめ決めてある場面で声をだして笑った。正常者ではこれにより「つられ笑い」が起こって「笑いのスコア」は約二三％増加したが、精神分裂病患者ではまったく変化がみられなかった。表7-1にこれを示す。

正常者で一人で視聴したときに、二〇秒間で平均一・七九であった「笑いのスコア」は、他人が同席したときには二・一九となっている。一方、精神分裂病では「笑いのスコア」はこの二つの条件で、まったく変化していないことがわかる。そして他人と一緒の場合の正常者と、精神分裂病患者の「笑いのスコア」の比較では、もちろん正常者が有意に大きかった（P＜0.01, Wilcoxon の順位和検定による）。これからわかるように精神分裂病患者では「他人が笑うから笑う」という意味での笑いの増加はみられない。図7-9にその例を示す。

この患者の場合、上段の初回一人でみたときにも、下段の他人とみたときにも笑いは極めて乏しい。

表7-1　正常者群と精神分裂病患者群での笑いのスコアの比較

	正常者群 n=34	分裂病者群 n=24	Wilcoxon 順位和検定
一人のとき	1.79±0.84	0.62±0.43	p<0.001
他人と一緒のとき	2.19±0.83	0.65±0.58	p<0.001

（河崎建人「笑い表情の精神生理学的研究」『精神神経学雑誌』91巻，1989，一部改変）

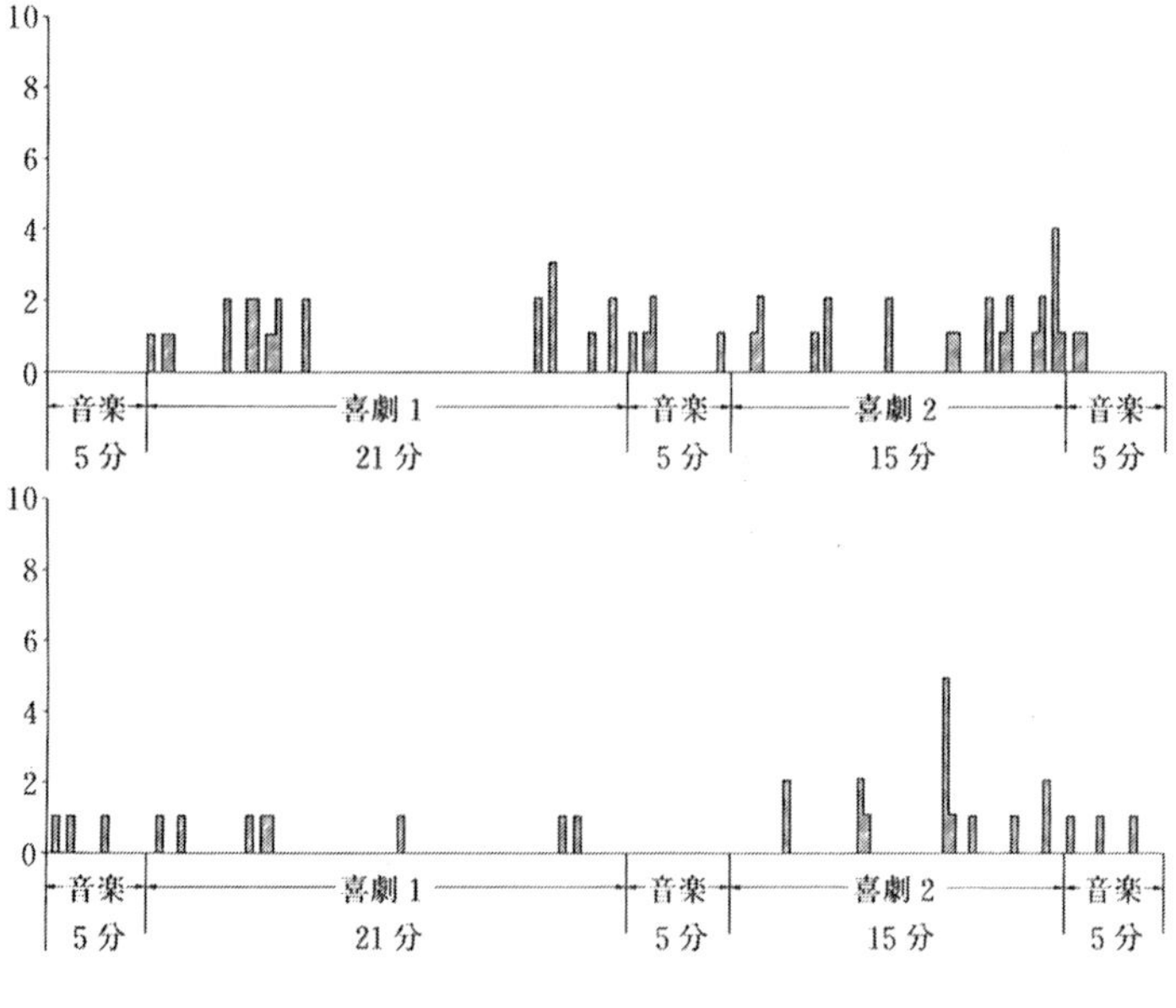

図7-9　精神分裂病者の単独で（上段）および他人とともに（下段）喜劇ビデオ視聴中の笑いのスコア

（河崎建人「笑い表情の精神生理学的研究」『精神神経学雑誌』91巻，1989，一部改変）

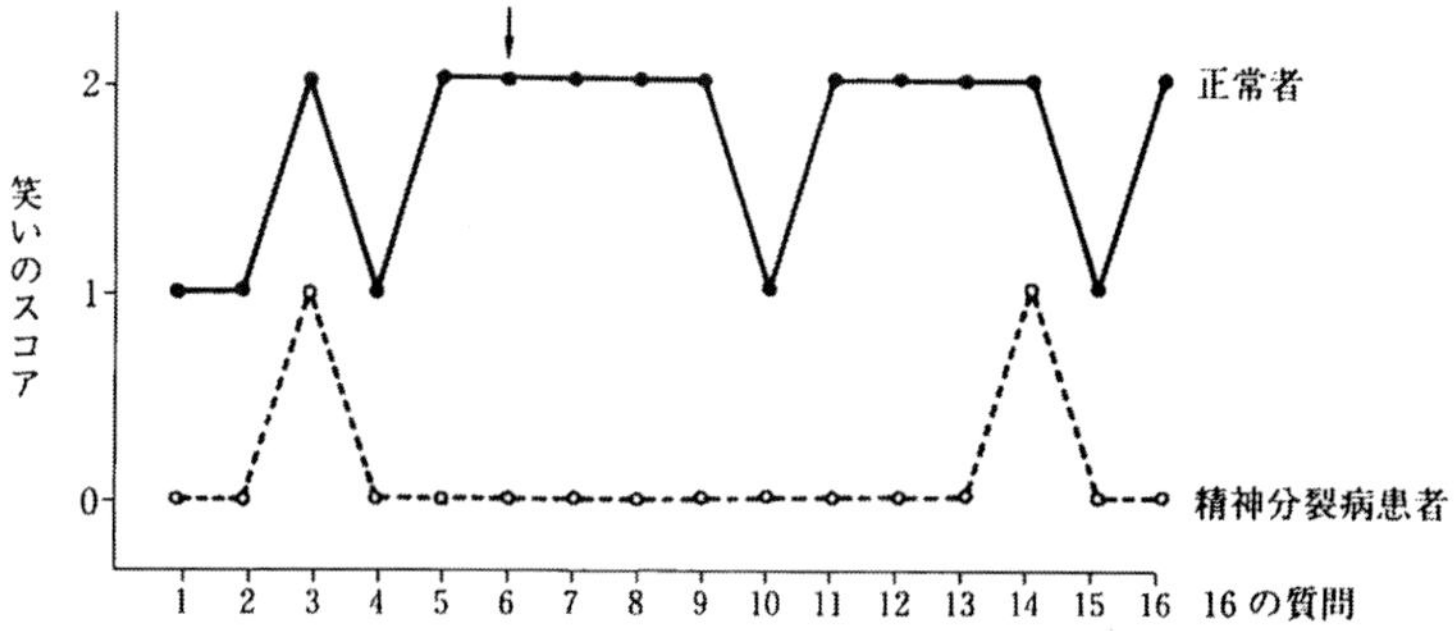

図7-10　質問に対する笑い反応（正常者と精神分裂病患者の比較）
（河崎建人「笑い表情の精神生理学的研究」『精神神経学雑誌』91巻，1989，一部改変）

「社交上の笑い」を調べる第二の方法は、インタビューに対する笑い反応の大きさである。図7-10で実線で示した正常者では、「今日はいつものように笑えましたか？」といった快刺激とはいえない質問にも、おおむねほほえみを浮かべて応答しているが、点線の精神分裂病患者では、ほとんどこうした笑いを浮かべていない。これは一例であるが、全被験者で調べても、図に示すようにこの点は統計的に有意であった（p＜0.01）。したがっていずれの方法によっても、「社交上の笑い」の減少は明らかである。

このように、精神分裂病についての臨床体験から予想された「快の笑い」、および「社交上の笑い」の減少は、ここに示した客観的な方法によって裏付けられた。そしてこれらの笑いの量の減少は、精神分裂病の症状の強さにほぼ平行しているようである。今後この点を検討してみる予定であり、精神分裂病患者の症状の評価の生理学的、客観的指標の一つにしたいと筆者は考えている。

III　その他の笑いの量の異常

飲酒して「笑い上戸」となり、日常の行動とかけ離れて大笑いを続ける人がある。これは日頃、その人がもっている「このように笑ってはならない」との社会的配慮からの抑制がとれ、大笑いとなったと考えられる。

飛行機がエンジントラブルを起こして、死を覚悟した人が奇跡的に助かった際の笑いの爆発では、大声や大きなジェスチャーを伴い、ある意味では異常に思えても、それは量の異常であり、心理的に十分了解できることである。

文　献

・平井富雄、関谷　透『目でみる精神医学』文光堂、一九八八年。
・阪本　栄「うつ病者の笑いの精神生理学的研究――笑いの際のポリグラフィーおよび表情筋積分筋電図」『大阪大学医学雑誌』47、二二一―三二頁、一九九五年。
・坂本　栄ほか「うつ病者の笑いのポリグラフィー的研究――正常者および分裂病者との比較――」『臨床精神医学』21、一〇四五―一〇五〇頁、一九九二年。
・河崎建人「笑い表情の精神生理学的研究――笑い誘発刺激およびインタビューにたいする精神分裂病者の反

応」『精神神経学雑誌』91、一五一―一六九頁、一九八九年。
・志水　彰、角辻　豊、中村　真『人はなぜ笑うのか』講談社ブルーバックス、一九九四年。

第八章　笑いの質の異常

もはや牧人ではない。もはや人間ではない――ひとりの変容した者、光に包まれた者、その者が笑った。いまだかつて地上の誰一人彼が笑ったような仕方で笑った人間はいない。

――ツァラトストラ――

正常にはみられない異質な笑いは、主として精神疾患および脳の疾患に際してみられる。本章ではこれらについて述べる。

I　精神分裂病の場合

1　臨床的観察と表情筋筋電図から得られる知見

日常、臨床でよく語られるのは精神分裂病患者の表情が「硬い」ということである。この点に関する研究では、一般に顔の表情筋の活動レベルが正常人に比べて高く、しかも喜怒哀楽といった情動で変化が少ないことが示されている。

具体的には、表情筋の安静時の背景活動としての筋放電の大きさを示す筋電図の面積積分値は、精神分裂病患者の方が大きいが、情動に際してのその面積の変化は、正常者に比べて小さい。

この結果、精神分裂病では表情の動きが少なく、「硬い」とみる者に感じられるようである。また正常では、表情筋はお互いに一定の関係をもって動き、ある表情筋が強く活動するときには、それに協力して強く働く表情筋もあるが、むしろ活動が弱まる筋肉もある。

つまり一つの表情の表出のためには、一部の表情筋だけが活発に活動し、他の筋肉は動きを控えるようになっており、このためにその表情が明確に表出される。この表情筋間の相互関係が、精神分裂病患者では十分に働いていないようで、その結果情動の表出が曖昧となり正常と異なった感じを与える。

笑いについてみると、正常では、大頬骨筋や眼輪筋といった笑いの時に主として働く筋肉が活動すると、皺眉筋などの活動がそれと連動して低くなるが、精神分裂病患者ではその低下がほとんどみられず、質的には異なった笑い表情となる。ただしこの結果だけではうつ病の場合のデータと類似しており、その差についてはまだ明確な所見はない。

2 空笑

精神分裂病では正常でみられない「空笑」と呼ばれる笑いがある。空笑は精神分裂病患者に独特な笑いであり、正常の人の笑いと質的に異なる笑いである。

この笑いは、一人でいて、特に笑いを誘う刺激はないと思われるときによくみられる。他人と一緒にいるときにも浮かぶが、それはコミュニケーションのためのものではないし、かといって楽しい刺激があるとも思えない時に浮かんでくる。つまり、他の人には目的も原因も理解できない笑いと感じられ、これが「空虚な」あるいは無気味な感じを与えるため空笑と呼ばれる。

この空笑は、笑いとしての大きさはさまざまで、ほほえみの形が大部分であるが、時に笑い声を伴うし、稀には哄笑に至ることもある。「一人でいるのにニヤニヤしています」、「面白くないのに声を出して笑っています」と家人は医師にこれを訴える。その表情の例を図8-1に示す。

以下にこれについて、東 司の研究を中心に記すことにする。

研究対象は、二七名の男子の精神分裂病患者（空笑のある患者の年齢は、平均四八・〇歳、標準偏差一三・二歳。空笑のない患者は、平均四八・九歳、標準偏差一〇・〇歳）と一五名の男子正常者（平均三九・九歳、標準偏差一二・七歳）である。

図8-2は、精神分裂病患者が一人で部屋の中に座っているときにみられた空笑を、第六章に紹介した長時間記録装置を用いて、大頬骨筋の筋電図でとらえた記録である。

これはテレビやラジオなど、特に外からの刺激のない部屋に、一人でいるにもかかわらず、図にみられるように、紡錘状の笑い、「空笑」を示す筋放電が多数出現しており、一三時一七分から一三時三一分までのこの記録では、一四分間に三四回、つまり一分間に平均二・四回の空笑がみられる。

図 8-1　精神分裂病患者の空笑（演技）
（平井・関谷『目でみる精神医学』1988，文光堂．写真撮影：大橋富夫）

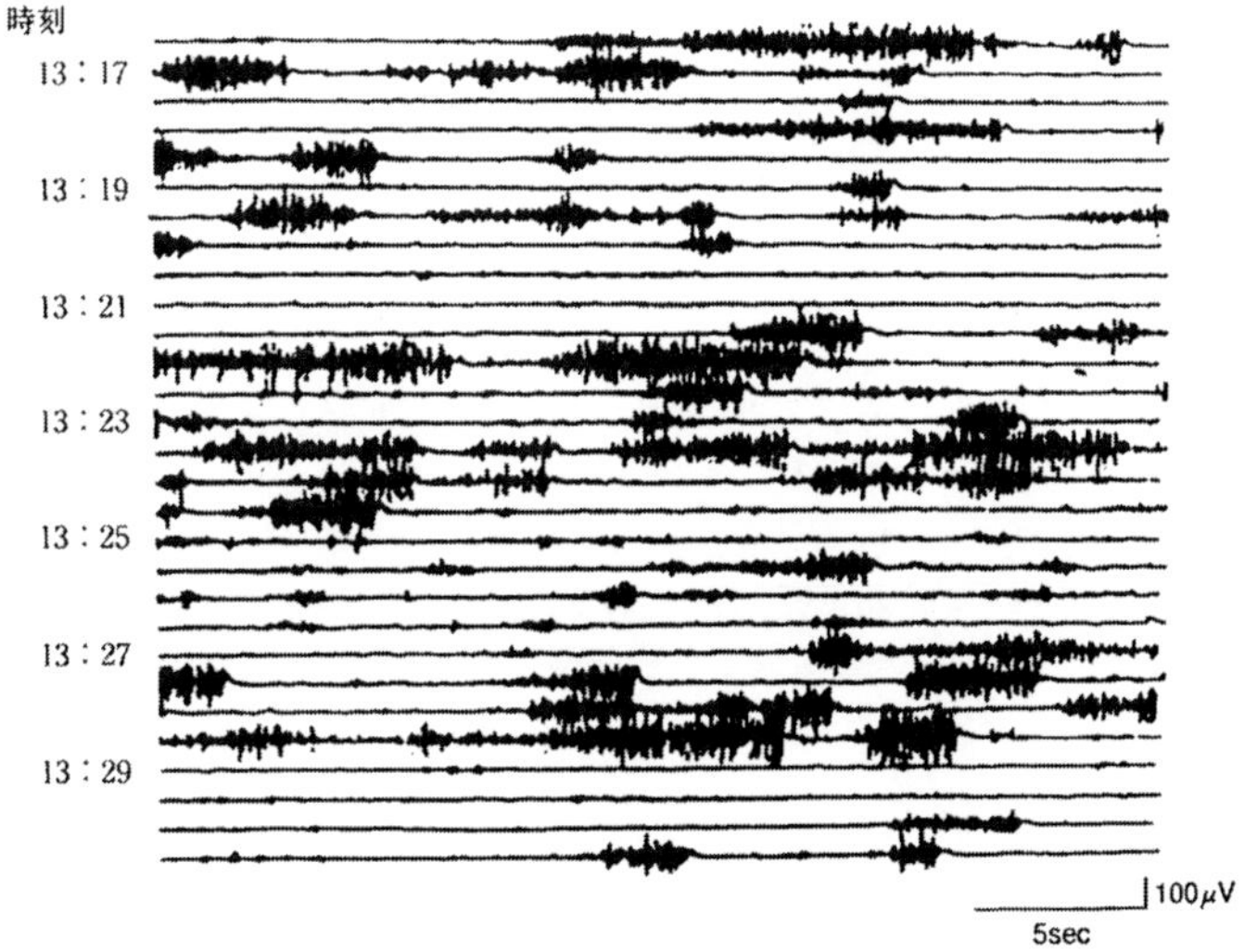

図 8-2　空笑の大頬骨筋筋電図による記録
（東　司「空笑の精神生理学的研究」『大阪大学医学雑誌』47 巻，1995）

表 8-1　空笑と正常者の独り笑いに際しての思考

	了解可能な笑い	了解不能な笑い	思考なしの笑い
空笑群の笑い	11（12.1%）	55（60.4%）	25（27.5%）
正常群の笑い	10（71.4%）	1（ 7.1%）	3（21.4%）

（東　司「空笑の精神生理学的研究」『大阪大学医学雑誌』47 巻，1995）

また日常生活での笑いでは、一回の笑いの長さは五秒以下のことが多いが、空笑ではより長く続くものがみられ、一分以上にもわたって、特に快の刺激がないのに笑い続けることもしばしばみられ、そばにいるものに「空虚な」感じを強く与える。

正常者、および精神分裂病で空笑をもつ患者それぞれ一二人に、部屋の中に一人で六〇分間椅子に腰掛けてもらって、大頬骨筋筋電図を連続記録してみると、正常者では笑いの出現は一四回であったのに対し、精神分裂病患者では笑い表情が九一回もみられ、明らかに多かった（P＜0.01, Mann-Whitney U-testによる）（表8—1）。

正常者のこの場合の笑いは、いわゆる「独り笑い」と考えられ、精神分裂病患者での九一回の笑い中に、正常人でもみられる「独り笑い」が空笑以外にどのくらい含まれるかは明らかでないが、同時に行ったビデオカメラによる笑い表情の観察から、大部分は空笑と思われる。

さて空笑は、自分一人の世界にこもっているときに多くみられ、対人接触のため緊張の高まる場面では著しく少なくなることが知られている。この点を内田—クレペリン・テストと呼ばれる計算問題を、検査者と向き合って行った前後の結果が図8—3である。

検査前の緊張のないときには、一分間に三—四回の空笑がみられるが、矢印Aで、検査者が検査について説明を開始するとともにほぼ消失し、BからCに至る検査中もほとんどみられず、検査の間の被験者の緊張を反映していると思われる。そして検査が終わり、被験者がリラックスするとともに再び出現している。

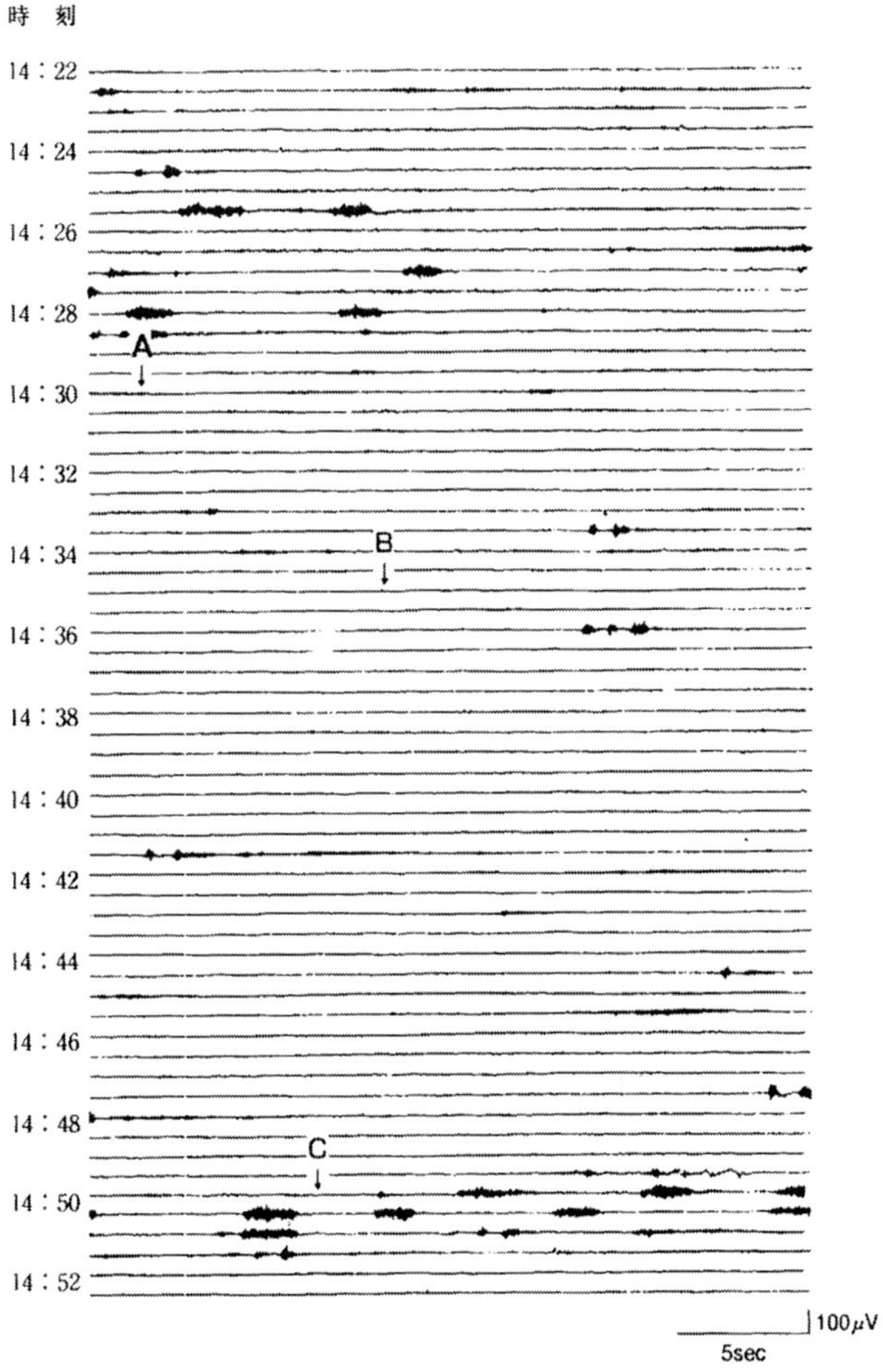

図 8-3　図 8-1 と同じ被験者の内田-クレペリンテスト前後の空笑の記録
（東　司「空笑の精神生理学的研究」『大阪大学医学雑誌』47 巻，1995）

それでは空笑はどのようなメカニズムで起こるのであろうか？

第一のメカニズムとして考えられるのは、何か楽しいことがあったから笑っているという考えである。

空笑の特徴はコミュニケーションの目的をもたないことと、快感情を呼び起こす刺激がないのに起こることである。あるタイプの精神分裂病患者は、すでに述べたように対人関係を避け、自らの空想の世界に閉じこもって生きようとするが、空笑を浮かべる患者はこのタイプに属することが多い。そこで空笑は、閉じこもった自分の世界の中で、何か楽しいことを空想して「快の笑い」を笑っているのではないかという仮定が生まれる。

またこれらの患者では、幻聴と呼ばれる実際には存在しない他人の声が聞こえてくるという症状があることが多い。そこで幻聴の「声」が、何か楽しいことを語りかけるために笑うという仮定も生まれる。

この仮定を検討するために、東　司は前述のように、被験者が部屋の中で一人で六〇分間椅子に腰掛けている状態で、大頬骨筋の筋放電を記録しながら観察を行った。

そして患者が空笑を浮かべているたびに、「あなたは今笑っていたが、どんなことを考えていたのですか？」と質問した。**表8-1**にその結果が示されている。

表8-1にある「了解可能な笑い」とはその時の思考の内容を聞いて、「なるほどこんなことを考えていたら笑顔が浮かぶだろう」と検者が納得した笑いである。

たとえば、「先日子供と一緒に遊んで、楽しかったことを思い出していた」などである。このように「楽しいことを考えて」笑ったのは予想に反して一二%にすぎなかった。

またこの数字に含まれているが、「フーテンの寅さんが面白いことをいっている声が聞こえてきた」など、楽しい内容の幻聴がきこえて、それに応じて笑いを浮かべたのは四回、四・四%とごく少なかった。ただし、空笑の中で声をたてて笑っている場合には、楽しい妄想や幻聴に反応してのことが多いのは事実である。

しかし空笑で声を立てて笑うのはごく一部に過ぎず、大部分を占める「ほほえみ」や、「ニヤニヤ」するという形の空笑では、「了解可能な笑い」は一割以下にすぎなかった。

空笑を説明するために考えられる第二のメカニズムは、これが「緊張緩和の笑い」であると仮定することである。

東京医科歯科大学精神科の伊澤良介は、空笑の際に「怖いこと」を考えていたり、不安、悩みの状態にあることが多いという臨床経験から、それによってもたらされた緊張状態から逃れるために空笑を浮かべると考えている。

そして精神分裂病の患者は、一人でいるときに、苦しい精神状態に自らを追いつめることが、実際にあるいは妄想の中で、しばしばあることが臨床上知られている。こうして追いつめられたとき、あるいはその前に空笑を浮かべることによって、患者はその苦しさを和らげていると伊澤は考えている。

この考えでは、空笑は「緊張緩和の笑い」ということになる。筆者も確かにそのような場合は存在すると感じるが、東司が空笑の直後に行った患者に対するインタビューではそうした場合は極めて少なかった。

それでは表8-1で多数を占める「了解不能な笑い」や、「思考なしの笑い」の起こるメカニズムはどう考えればよいのであろうか。

「了解不能な笑い」とは、その笑いの直後のインタビューに対して、たとえば「帰りのガソリンはあったかなと考えていた」「夕食のおかずは何かなと考えていた」など、その内容が笑いを呼ぶとは思えないことを考えていた場合であり、この場合は、これらの内容を「ぼんやり」と考えていた時に多い。また「思考なしの笑い」とは「何も考えていなかった」と答えた場合である。

この点の考察を行う前に、正常人の「独り笑い」について考えてみたい。

東司の実験では、表8-1にみられるように、一二人の正常人が、六〇分間一人で部屋にいて椅子に座っている場合、合計一四回の「独り笑い」がみられ、その七〇%は「了解可能な笑い」であったが、三〇%は「了解不能」であったり、「思考なし」の笑いであった。

少し余談めくが、筆者が大阪の繁華街のバーやナイトクラブのトイレで観察したところ、一割近くの人がトイレを利用している間にほほえみを浮かべていた。この「独り笑い」は気分が高揚しているため、および「退行」のためと考えられる。

バーやクラブはもともと遊びにきている場所であり、ホステスは客の気分を楽しくさせるようにふるまう。これにアルコールによる脱抑制が加わって、多くの人は高揚した気分になる。そして現在の楽しい気分、あるいはこれから起こるかも知れない楽しい場面を想定して「ほほえんで」しまうのであろう。これは「了解可能な笑い」である。

しかしこれだけが原因でなく、もう一つ別のメカニズムも考えられる。それは「退行」である。これについて少し説明したい。

乳児が生後三週間で哺乳で満足した後にほほえむのが「快の笑い」の始まりであることを述べたが、これは相手に無関係な「独り笑い」である。もう少し成長したときには、哺乳後に限らず一人でいるときに「ほほえみ」がしばしば浮かぶようになる。この時期の乳幼児はもちろん外からの快の刺激に反応したり、お母さんなどとコミュニケーションするための笑いを浮かべるようになっているが、その他に一人でいるときにほほえみを浮かべる。

それは人の声やベルの音など、外来の刺激に応じてのこともあるが、そうした刺激はないのに「自動的に」浮かんでくることもある。成長につれてこうした「自動的」な笑いは減少し、ほとんどなくなってしまう。そして大人では笑いの中枢に対する抑制機構が発達し、快の刺激が入ったときや、社交上の必要や緊張緩和のために笑いの中枢が刺激されるときに、ほぼ限定してこの中枢が活動して笑いの表情を作るようになる。

ところでアルコールが入り、しかもホステスに手をとり足をとってサービスされる状態では、「退行」と呼ばれる精神現象が起こることが知られている。これはいわゆる子供返りであり、会社では役職である紳士が、日頃の社会的な規範から解放されて子供のようにわがままをいったり、わが子のような年齢のホステスに「アーン」と口を開けてピーナッツを食べさせてもらったりして甘える。これは子供の頃何でも他人から世話してもらっていた頃が人間の生涯で最も幸せな時代であるので、そこへ返りたい欲求を人間は持っているためだという理論で説明されている。

こうして「退行」した結果、部分的には乳幼児の頃に精神状態がもどり、その時代に一人でいるときに浮かべていたほほえみが出てきたものが、さきに述べたバーのトイレでの「独り笑い」に含まれているのではないかという推定が成り立つ。

さてバーなどの特殊な状況やヒステリーなどの病的な場合を別すると、「退行」が起こりやすいのは意識が低下してぼんやりして意志のコントロールが外れている時である。そして表8-1の正常人の「独り笑い」の三〇%をしめる「了解不能」や「思考なし」の場合は、いずれも「ぼんやりしていた」と本人が述べている点から、このメカニズムで説明できるように思われる。

さて長々と「独り笑い」と「退行」について述べてきたが、筆者は空笑の起こるメカニズムとして、すでに述べた妄想上の快感情と緊張緩和の他に、第三の、そして主なメカニズムとしてこの「退行」を考えている。

つまり精神分裂病という病的プロセスによって、脳の機能の一部が乳幼児期へ「退行」し、その結果、成長とともに獲得してきた笑いの中枢に対する抑制機構が減弱して、乳幼児と同じように必ずしも快の刺激や、コミュニケーションの必要とは関係なく、いわば「自動的」に笑いの表情が浮かび、それが他人には空笑として観察されるとの考えである。
もしそうなら、空笑が「何も考えていない」ときや、「ぼんやり何かについて考えていた」場合に、その思考内容に無関係に浮かんでくることは十分に可能性がある。精神分裂病では、表8-1にみられるように、空笑の二七・五％が「思考なし」、つまり何も考えていない時に浮かび、六〇・四％が「了解不能な笑い」、つまり快感情を誘うとは思えないことをぼんやり考えている際に浮かんでおり、この推定を裏付けているように見える。

精神分裂病では、同じように中枢神経系の抑制機構が減弱した結果としてあらわれるような症状が他にもみられる。その一つは、幻聴の際に同期して起こる、唇の動きや発語筋の弱い筋放電である。幻聴は自分の考えが他人の声として聞こえてくる症状である。つまり患者は何か考えているとき、その内容を他人の声として聞いている。

ところで物事を考えるに際して、言葉の助けを借りるのは幼児によくみられる。たとえば一人でままごとをしていて、「わたしはお母さん、あなたはお父さんよ」と自分の考えを声に出してしゃべる。やがて抑制機構の発達により、一人で考える際に言葉は出さなくなるが、その途中の段階で唇が動いたり、発語筋の弱い放電がみられたりする。精神分裂病では、幻聴に際してこの発達段階への退行が起こり、このため、その際の思考内容が、子供の時のように発語筋や唇を動かしていることが大阪府立看護大学の井上健と筆者により推定されている。

さらに、眼球の動きについても乳幼児から大人になるにつれ、その動きは滑らかで無駄がなくなってくるが、精神分裂病患者では幼児期に似た眼球運動がみられるという研究がいくつかある。

このようなことから、筆者は、精神分裂病患者の空笑が、成長に伴って快の刺激やコミュニケーションのため以外には、笑わないようにと発達してきた笑いに対する脳の抑制機構の一部が、「退行」つまり乳幼児段階へ減弱することによって起こってくる場合が最も多いと考えている。このように考えてくると、空笑の多くは「自動的」に浮かび、一部は「楽しい刺激」から誘発され、ごく一部は緊張緩和のためにほほえむのであろうと思われる。

3　場にそぐわない笑い

精神分裂病患者の例では、対人関係の中で笑うべき場面でないときに笑いを浮かべることがあり、「場にそぐわない笑い」と呼ばれている。

空笑が、他の人からみて何も笑いを誘う刺激がないのに浮かべる笑いであるのに対して、この笑いは何らかの刺激に対する反応ではあるが、笑うことが異に感じられる場合の笑いである。

たとえば、「あなたの弟さんの名前は何といいますか？」との問に対して、大笑いするなどである。この笑いはその場にそぐわないためばかりでなく、その表情が、通常の笑いと異なっているため相手には異質な笑いとうつる。

大阪大学精神科の山下仰は、この笑いを表情筋筋電図を用いて分析し、笑いの持続が正常に比べて長いこと、および、笑い表情ではよほど笑いが強くないと出現しない、額の皺眉筋の活動がみられることをあげて、これが異質な印象を与えるのであろうとし、多分それは精神分裂病患者の表情表出の機構に障害があるためであろうと考えている。

4　笑顔の判定の異常

第五章で、正常者は笑顔を見るとき、主として目もとと口もとで判定している、という志水隆之の研究を紹介したが、志水はさらにこれを精神分裂病患者で検討している。

精神分裂病患者の物事の認知のやり方としては、ある計画をもって行うというより、いわば行き当たりばったりに調べていくということがいわれている。

たとえば、大阪外国語大学保健管理センターの梶本修身によると、ダイニングキッチンの絵をスライドでみせて、そのスライドの左上の部分でお母さんが台所で洗いものをしていて、右下にお父さんがこたつに入ってタバコを吸っている場面を示し、「灰皿はどこにありますか?」ときくと、正常者ではまずお父さんの前のこたつの上を見るが、精神分裂病患者では絵の端から順に見ていくとのことである。

第五章での正常者に対する実験と同じように、精神分裂病者に対し、スライドにある左右の笑顔を比較して、どちらがよく笑っているかを聞くと、正常者が図（図8-4の上・第五章の図8-3と同じ）のように、まず左右の顔の目元と、ついで左右の口元を比較して、答えをすぐに出したのに反し、精神分裂病患者では、そのような判定するための効率よい眼の動きはみられない。その動き

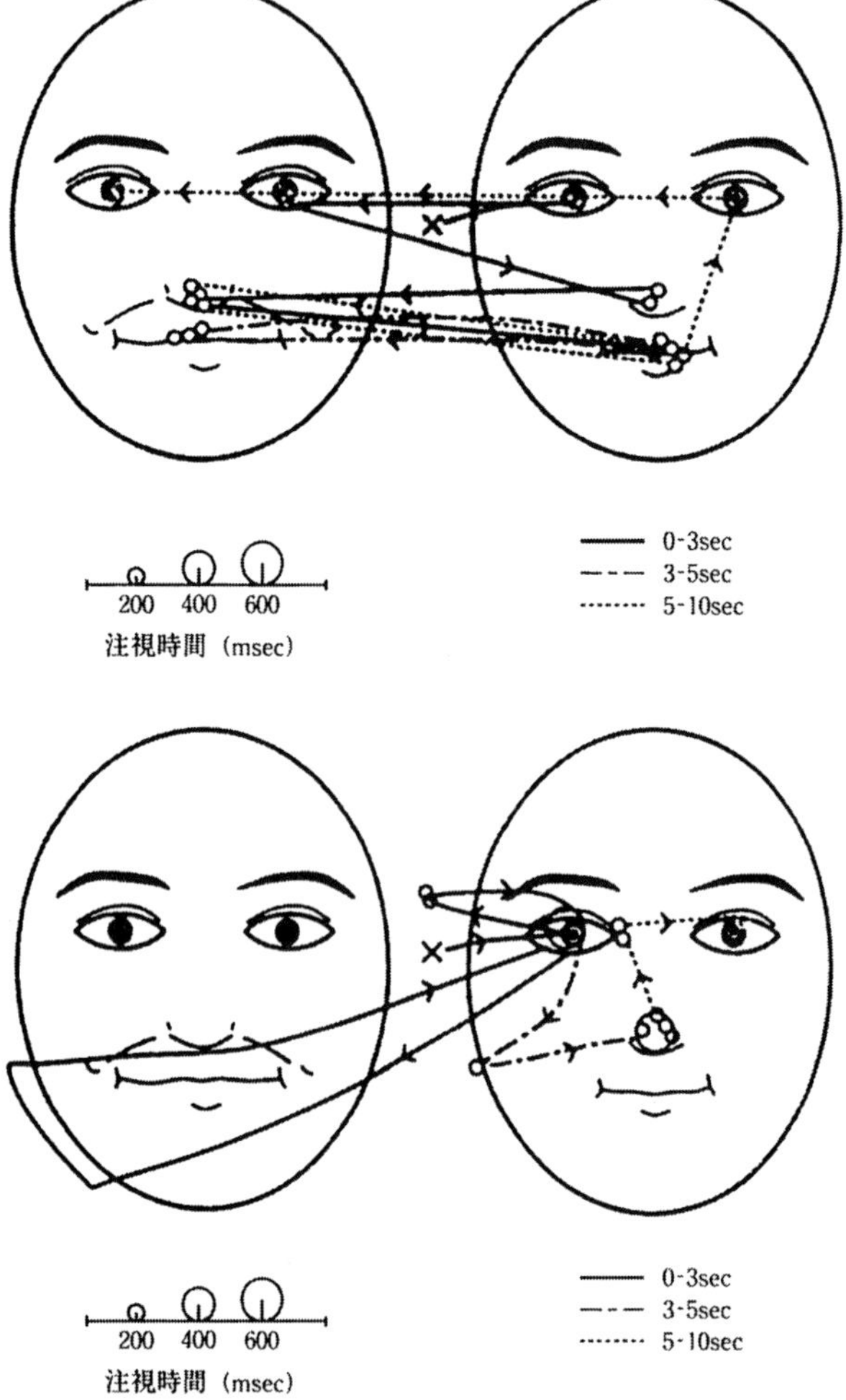

図 8-4　精神分裂病者の笑顔の比較判定の際の視線の動き
上段は正常者，下段は精神分裂病者
（志水隆之「精神分裂病患者の表情認知」『大阪大学医学雑誌』45，1993）

は患者により異なるが、やはり一定の計画をもって動くというより無計画に見て回っている感じを受ける。

図（図8―4）の下に示した例では、まず右の顔の目をみたあと、なかなか左の顔に視線を移さず、やっと左をみても顔以外のところをみている。やがて視線は、元の右の顔の目にもどり、ついで同じ右顔の鼻などをみるが、口の周囲には視線を向けていない。そして結局、左の顔については目元も口元もみることなく終わっている。

その結果として、「どちらの顔がよく笑っていますか？」との問に対する答えを出すのに時間がかかり、しかも間違いが多かった。このように精神分裂病患者では、笑いそのものが量的にも質的にも変化している他にも、笑いの判定にも正常者と異なる点がみられた。

II　うつ病の場合

抑うつ状態にある人の笑いはどことなく弱々しく、笑顔を浮かべていても、内面の落ち込んだ気分がなんとなくうかがえるという印象を、相手に与えることが多い。こうした印象を、表情筋筋電図を用いた検査により客観的に検証できるであろうか？

阪本栄は、第七章に紹介したのと同じうつ病患者を対象として、大頬骨筋、眼輪筋、皺眉筋、口輪筋などの笑いに関連した五つの表情筋から筋電図を記録し、笑いの際のその筋放電の占める面積積分値を調べた。

この積分値が大きいほど、その筋肉の活動は強いと考えられるが、喜劇ビデオを視聴している場合の笑いの際にも、また演技的に行った作り笑いの場合にも、笑いの主動筋である大頬骨筋の活動が正常者より弱かった。この筋肉は口角を横上にあげ、笑いの口の形を作る働きがあり、この筋肉の活動の弱いことがうつ病患者の笑いが弱々しいことの一つの原因と考えられる。

一方、眼の周囲の笑いの表情を作る眼輪筋は、元々笑う以前からうつ病者では活動が高く、笑いによる変化としては正常者より小さかった。このように口の周囲のみならず、眼の周囲の笑いを担当する筋の動きも弱いため、笑い表情としてはさらに弱々しくなる。

また皺眉筋、前頭筋など額の筋肉の活動は、うつ病者では、笑っていない「安静時」の顔で正常者より強く、額にしわが寄って、苦悩や陰うつな内面を示す表情となっている。一般に笑いの際には、正常者では「安静時」の皺眉筋の筋活動は減少し、額の筋肉はリラックスした状態になる。ところがうつ病患者では、この皺眉筋の高い活動は笑いの際にも正常者と異なりあまり減少しない。このことがうつ病患者の笑いが心から楽しい表情ではなく、どこか陰うつな感じを残している原因となっていると阪本は推論している。おそらくうつ病患者は快感情の十分な発現がなく、たとえば喜劇ビデオを見たときの「快の笑い」であってもその程度は弱く、本来の「快の笑い」の表情に至らないものと思われる。

またエクマンらは、第六章で述べたＦＡＣＳという分析技術を使って嬉しさの表情を分類した。

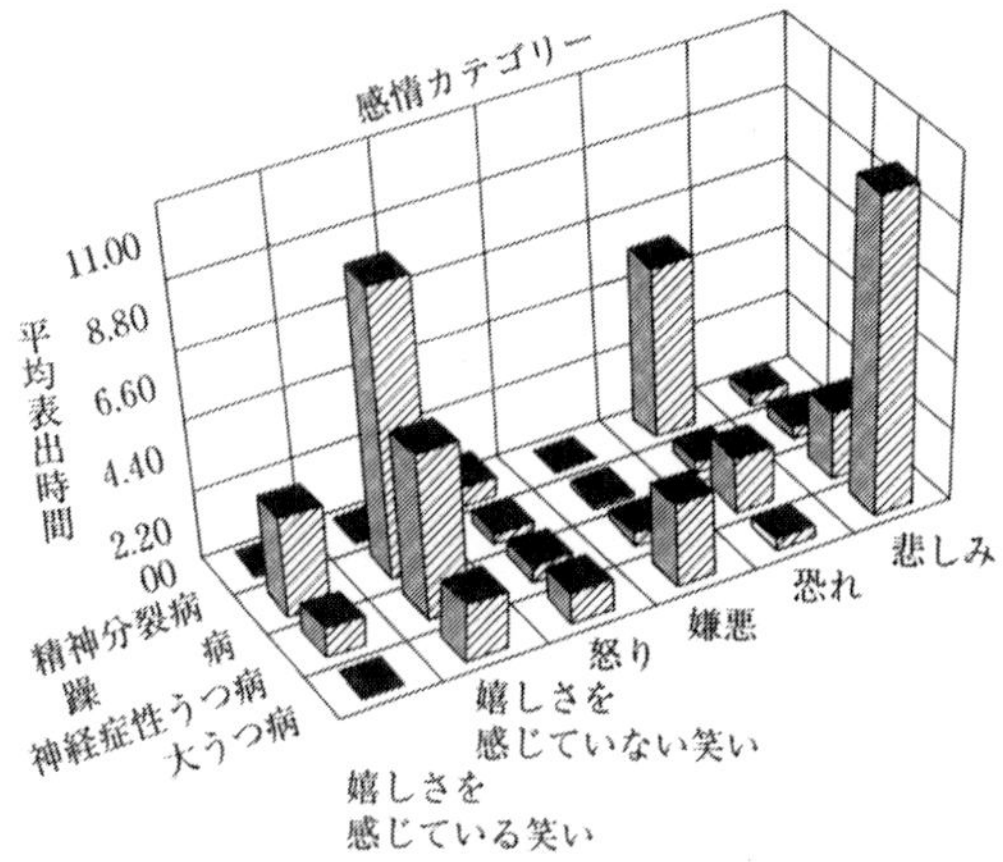

図 8-5　**精神障害者の感情表出の特徴**（Ekman & Fridlund, 1987）
（千葉浩彦「感情の受容と表情」『顔と心』1993）

彼らは、本当に嬉しいときは頬が上昇して目元にふくらみができ、唇が斜め上に引き上げられるとし、これを「嬉しさを感じている笑い」(felt happy) と名づけた。一方、口の周囲の動きはあっても、目元の動きのない笑いを、「嬉しさを感じていない笑い」(unfelt happy) と呼んだ。

そして、うつ病では笑いはあっても「嬉しさを感じていない笑い」が多く、病状が改善するにつれて「嬉しさを感じている笑い」が多くなってくると述べていて、筆者が精神科医として、表情全体を大まかにとらえた場合の感じとよく一致している。そしてすでに述べたように「笑うから楽しくなる」とすれば、このことがうつ病の症状の改善にもプラスになると思われる。

なおエクマンらが、同じ方法で躁病や精神分裂病の表情を分析しているので、その結果も千葉浩彦の図8-5に示す。躁病では笑いが多いが、この

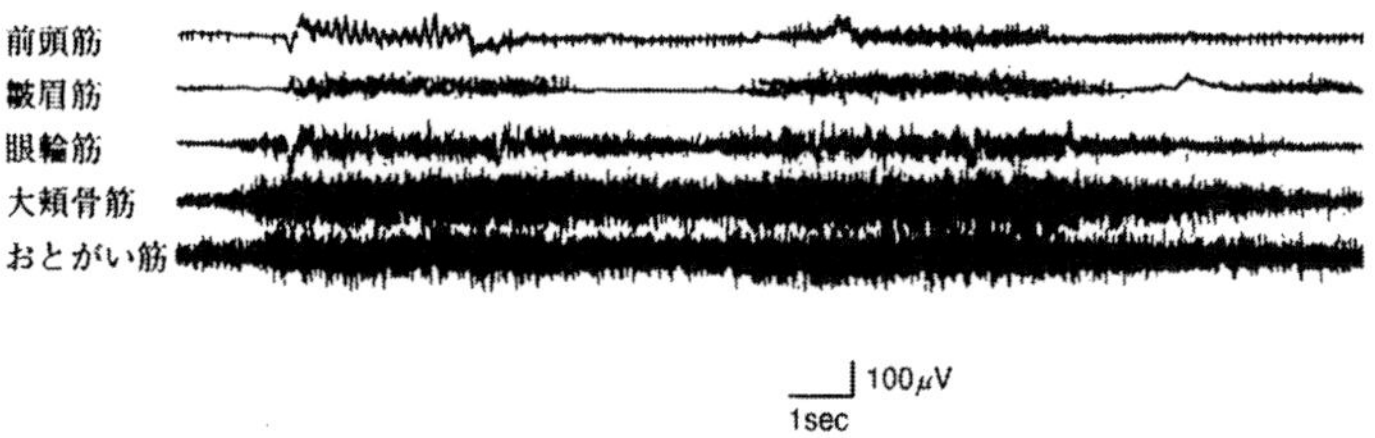

図 8-6 脳出血後遺症の患者にみられた強制笑い
（提供：山下 仰）

図からもわかるように「嬉しさを感じていない笑い」もかなり混じっているようである。なお精神分裂病患者では、笑いの少ないことを前章で述べたが、この図に示されたエクマンらのデータでもこれが裏付けられており、「嬉しさを感じている笑い」も「嬉しさを感じていない笑い」もほとんどなく、またよくみられる表情は、「恐れ」であることがみてとれる。

III その他の場合

1 器質性脳疾患での病的な笑い

脳の比較的大きな病変、たとえば脳の外傷や血管障害では、障害部位によって「強制笑い」が起こる。たとえば看護婦が、「おはよう」と話しかけると急に大笑いが始まり、長く続いたりする。この場合には快の感情からの笑いではもちろんなく、本人の意志や感情に無関係に笑いの表情が出てしまう。しかもそれは普通の笑いより長く、五分以上も続いたりして本人には苦痛であるのに笑い止むことができない。

この場合の表情筋筋電図は、山下仰の調べでは図8-6に示すように、笑いに関係する表情筋である大頬骨筋、おとがい筋の筋放電が異様に強くかつ長く続き、これに加えて皺眉筋の筋活動が強くみられ、先に述べた精神分裂病の「場にそぐわない笑い」との共通点がみられる。

また脳の大きな病変では、「強制泣き」と呼ばれる本人の意志に反した大泣きもみられ「強制笑い」の途中から「強制泣き」に移ることもあるし、また表情からは笑っているのか泣いているか区別できないこともある。

いずれにしてもこれらの患者は、普通では笑いや泣きを誘うと思えない日常の刺激、たとえば傷の手当にガーゼをあてる、ベッドの横のカーテンが開かれる、などに際して爆発的に泣いたり、笑ったりしてしまい、本人には大変苦痛が大きい。同じような「強制笑い」などの病的な笑いは、筋萎縮性側索硬化症や、多発性硬化症などの脳脊髄の変性疾患やクールーなどの脳の感染症などでもみられる。

筆者は、大阪警察病院の精神科医・山田典史の報告した大脳の前頭葉の病的な萎縮により、知能低下のある五四歳の女性の示す病的笑いの記録をみる機会を得た。

表情としては、口角が笑いにしてはあまり横上へ挙上していない点が特異的であり、笑い声も、ヒヒヒと「ヒ」と「ヒ」の間のとぎれが悪く、異様な感じがする。何よりも特徴的なのはその出現する状況で、一人でいるときにはみられないが、医師が入室した時や、話しかけたときに、その内容にかかわらずこの笑いは出現し、笑いに応じる情動の動きはなかった。

これらの病的笑いに共通するメカニズムとして、快、不快など感情そのもののコントロールはおかされていないが、それを表出するシステムの制御系が、脳脊髄の病変のため異常も起こしていることがあげられており、神経学では「精神と表情の共同運動の解離」と呼ばれている。

いずれにしろ「強制笑い」も、「強制泣き」も脳の単一の部位の病変からでなく、広範囲ないくつもの部位が障害された場合に起こる。ウィルソンによると、顔面表情筋および呼吸筋のスムーズな共同運動を調節している中枢は、より上位の脳から、随意的および不随意的に制御されており、脳病変により、このうちの随意的抑制系のみが障害されると、不随意的抑制系の機能はむしろ亢進する結果となる。このことにより、笑おうと思わないのに笑ってしまう、笑うつもりが泣いてしまうなどの結果となり、これが「病的笑い」や「病的泣き」になっているとのことで、この考えが現在は支持されている。

なおつけ加えると、やはり脳の広い範囲の病変や痴呆で、「情動失禁」という症状がみられるが、これはわずかな刺激で激しい感情や情動がわき上がり、これを抑えることができず、なんでもないことで激怒したり、泣いたりするものをさすが、これは情動のコントロールの異常であって、表情の表出の異常はなく病的笑いとは異なる。

また脳から出る第七脳神経である顔面神経の末梢性の麻痺の場合には、顔の左右でどちらかの半分が動かない、つまり表情筋が活動しないため、笑いをはじめとする表情は顔の片側にだけ表出される。

こうした随意的な顔面の運動には異常がないのに、笑いなど情動の表出が出来ないものを情動顔面麻痺といい、かなりの報告があるが、その神経路やメカニズムはよく分かっていない。

2　薬物による病的な笑い

笑い茸を食べると笑いが本人の意志に反して起こるとの報告がかなりある。笑い茸には数種のキノコが含まれており、これを食べると脳に異常な興奮をもたらし、この際に必ずしも快の感情がなくても笑いが誘発される。その主な有効成分は、シロシビン、シロシンなどのアルカロイドで、日本ではシビレタケという植物がこれを含んでいる。

また幻覚誘発物質としてよく知られているＬＳＤなどでも、幻視などとともに笑い表情が起こることがある。

笑気ガスという吸入麻酔剤もその吸入により笑いが誘発されるが、笑いは麻酔手技にさしつかえるため、最近では手術を受ける患者が、他の注射により患者が眠った後にしか用いられないので笑いはみられなくなった。

ここまで述べてきたものは、笑いの質が正常と異なる笑いであるが、同じ薬物による笑いの変化でもアルコールなどによって陽気となり、抑制力が弱くなって、よく笑う場合は正常の笑いが量的に薬物によって多くなっているものであり、質的な変化ではないと考えられる。

文献

・平井富雄、関谷　透『目でみる精神医学』文光堂、一九八八年。

・東　司「空笑の精神生理学的研究――大頬骨筋筋電図の長時間記録による――」『大阪大学医学雑誌』47、一―九頁、一九九五年

・伊澤良介「空笑について」『臨床精神病理』14、一四五―一五四頁、一九九三年。

・T.Inoue,A.Shimizu: The electromyographic study of verbal hallucination.J.Nervous and Mental Disease, 151: pp415-422, 1970.

・山下　仰ほか「不適切な情動を示す精神分裂病患者の笑いの表情筋電図――病的笑いとの類似性――」『脳と精神の医学』3、五一―五五頁、一九九二年。

・志水隆之「精神分裂病患者の表情認知――表情比較課題時の眼球運動――」『大阪大学医学雑誌』45、二八七―三〇〇頁、一九九三年。

・梶本修身「精神分裂病患者の視覚におけるトップダウン処理の障害について」『大阪大学医学雑誌』46　二〇五―二一九、一九九四年。

・阪本　栄「うつ病者の笑いの精神生理学的研究――笑いの際のポリグラフィーおよび表情筋積分筋電図――」『大阪大学医学雑誌』47、二一―三二頁、一九九五年。

・P.Ekman and A.J.Fridlund: Assessment of facial behavior in affective disorders.JD Maser (ed). Depression and expressive behavion.London: Lawarence Erlbaum Associates, pp37-56, 1987.

・千葉浩彦「感情の受容と表情」吉川佐紀子、益谷　真、中村　真編『顔と心』、一一〇―一三五頁、サイエンス社、一九九三年。

・山田典史ほか「特異な笑いを呈した葉性萎縮の例」『脳と神経』46、七八一―七八六頁、一九九四年。

第九章　笑いと健康

Cheerful heart is a good medicine, but downcast sprit dries up the bone.

——旧約聖書の箴言17章12節——

楽しく生活することや、笑って生きることが心身の健康によいことであろうと一般に信じられている。この考えを支持する事実にどのようなものがあるか、どの程度立証されているかを中心に考えてみよう。

I　「快の笑い」によるストレスの発散

「大笑いをして胸のつかえがとれてすっとした」とか、「悩みを笑いとばす」といった表現があるように、笑うことによってストレスが発散されることをわれわれは体験として知っている。ただこれを証明することは容易ではない。

大笑いには「笑う」という身体の動作と、「楽しい」という心の動きとがあり、ともにストレス解消に役立っている。まず笑いの動作について考えてみよう。

海岸や山の中に一人で行って、「バカヤロー」と大声を出したり、ガラスのコップを力一杯投げつけたりして胸の中の怒りを鎮めることは、映画のシーンなどによく使われており、そのような経験をもっている人もあるだろう。この場合は、思い切り大きな動作でいつもはしないことをすることがストレス発散の源となっている。

大笑いもまた一つの大きな動作である。大笑いはその動作の結果として血圧をあげ、心拍を早め、酸素消費を増加させるが、二〇秒間の大笑いで、こうした身体の変化は三―五分も続くことが知られている。これは交感神経の作用が優位の状態であるが、やがて笑い終わって筋肉の緊張がとれると、血圧、心拍数ともに低下し、呼吸もゆっくりとなり血中の酸素濃度も上昇する。これは副交感神経が主として働いている状態である。

こうして交感神経優位から副交感神経優位へと身体の状態が変化することは、適度の運動の場合と同じであり、この変化がストレスの減少に役立つ。運動の一つであるジョギングのあと、脳内のエンドルフィンが増加し、これがストレス解消感や爽快感につながっているという考えがあるが、大笑いした直後にも同じようなエンドルフィン増加がみられるとのデータがあり、これも笑いと運動とのストレスに関しての類似性を示している。

一方、楽しいと感じるとストレスが減少するかどうかについての研究としては、たとえば喜劇ビデオを六〇分視聴したあと、ストレス状態をあらわすホルモンであるコルチゾールやアドレナリンが減少することが示されており、これは心身全体としてストレスが低下したことの一つの証拠と思われる。

この程度のデータで笑いがストレスを減少させるといい切るにはためらいがある。しかしわれわれの日常経験で大笑いしたり、とても楽しいことがあって、一時的にしろ気分がスッキリしたり、心のモヤモヤがとれたと感じることは少なくない。仕事などがうまくいかぬ日々が続くと「一度パーとやってスッキリしよう」といったりするのはこのためであり、事実効果がある。

さてストレスが少なくなることは健康には極めて良い効果をもたらす。その代表は心身症である。心身症とは精神的なストレスが身体症状となってあらわれる一群の疾患であり、代表的なものは胃潰瘍である。

また高血圧やアレルギーによる疾患、たとえば蕁麻疹や、気管支喘息なども精神的なストレスが大きいと症状は悪化し、小さくなると軽快するため心身症に属しているし、最近ではほとんどすべての疾患が心身症の側面をもつと考えられている。たとえば肺結核のような感染症でさえ精神的ストレスで悪化する。

また日常生活でのストレスが将来成人病をもたらすとの信頼しうるデータも積み重ねられている。スウェーデンのある地方の男性七〇〇〇人を調査してストレスの度合いを六段階に分け、一二年間追跡した研究では、高ストレス群の九・三％が虚血性心疾患にかかったのに、低ストレス群では六・

二％であったし、二〇年をかけた高血圧の調査では高ストレス群での発症率の方が二〇％以上が多かった。

このようにみてくると、笑ってストレスを減少させることが健康上極めて重要であるといってもよいと考えられる。ここでこれを支持するいくつかの例を示すことにする。

まず膠原病の一つである強直性脊髄炎に罹患したノーマン・カズンズの個人的な体験がよく知られている。というのは同氏が、アメリカの有名誌『サタデーレビュー』の元編集長で、あちこちで自分の体験について健筆をふるったからである。

体験によると、同氏はこの病気のため発熱、全身の痛み、さらに強い運動障害になって入院したが、自分で発病の契機が仕事上の過労と、強いストレスであろうと推察し、これを楽しい感情や、笑いで回復させれば病気も快方にむかうと考えた。

そこで同氏は、ビタミンCを大量に摂取するとともに、自分で笑い療法を行った。毎日面白い本を読み、チャップリンなどの喜劇映画を見て、一〇分間声を上げて笑うことを続けた。その結果、痛みはやわらぎ、一時間値一五〇ミリであった血沈値は毎日下がり、八日目には八〇ミリとなり指も動くようになった。そして二週間後には、海岸に日光浴に行けるまでになり、数カ月後には復職できたとのことである。

さらにその十数年後、同氏は心筋梗塞に襲われたが、この時も心臓に負担をかけるという医師の反対を押し切って笑い療法を自ら行い、冠動脈のバイパス手術を受けずに回復したことを著書『生への意欲』で述べている。

カズンズはつぎのようにも記している。「新聞はわたしが重病を笑い飛ばしてしまったかのようなことを報道したが、私の著者を深く読んでくれた人は『笑い』は単に積極的情緒のすべてを指す比喩であることを知ったはずだ。希望、信念、愛、生の意欲、快活さ、ユーモア、創造力、明るい気軽さ、信頼、大きな期待──そういうものは全て治療の効力を持つと私は信じていた」。筆者もこの点でカズンズに全面的に賛成である。

リウマチの専門医である日本医科大学の吉野槙一らの一九九六年の発表では、二六人の関節リウマチ患者に、一時間にわたって専門家による落語を鑑賞してもらったところ、気分はよくなり、痛みは有意に減少したほか、この疾患の活動性に関係の深い血液のＩＬ-６の値が、鑑賞前の三分の一に低下し正常者に近づいたとのことである。この効果の持続については不明であるが吉野らはこの結果に基づき、関節リウマチの治療に際して、「くよくよしないで明るく、そして前向きに過ごすことが非常に大切である」と臨床の場で指導している。

このほか、毎日喜劇映画を見ることを実行した結果、不眠の解消した女性患者の例、毎日笑う集いをもつことにより症状の改善をはかっている病院の例などがある。

また医療機関の報告ではないが、米国での調査結果を二つ紹介する。一つはハーバード大学の学生を入学時から約三〇年にわたって追跡したもので、若い頃から精神的に安定し、楽観的に物を考える人はその逆の人と比べて身体的疾患にかかる率が半分以下であった。楽観的な人の方が多く笑うであろうから、これも笑いの効用を示しているといえよう。

またバージニア工科大学での調査では、一年間隔で風邪にかかった回数を調べると、やはり楽観的な人の方が回数が少なかったとのことである。

ここまでは笑いの中で「快の笑い」の健康への効用について述べてきた。次にこの他の笑いの効果を考えてみよう。

II 「社交上の笑い」と「緊張緩和の笑い」の効用

「社交上の笑い」は対人関係をスムーズにするためのものであり、そのことに大いに役立っていることはわれわれは日常経験している。航空会社のスチュワーデスや銀行の窓口勤務の行員、ホテルのサービス係などの職にある人々は、就職するとまず笑顔を作る訓練を受けるとの話は有名である。

筆者は精神科の医師であるが、日常診察に際して患者さんが診察室に入ってくるとまずほほえみかけながら、「どうですか？」と話しかけるように心掛けており、このほほえみによりその後の診察がよりスムーズにいくことを日々体験している。

先日筆者は、ホテルのティールームでカップルなど二人連れの客を観察した。それによると二人の人が仲よく対話していて、一分以上双方に笑いのないのは稀《まれ》であり、笑いのない場合には、話し声も高くて、何かトラブルが起こっているようであった。

このようなコミュニケーションをうまく運ぶための「協調の笑い」について、エクマンは「緩和」「応諾」「調整」「傾聴」の四つの役割をあげている。

「緩和」とは、たとえば相手の気にさわるような話をしなければならない場合、ほほえみながら話をすると、多少とも相手の不快感を少なくする、つまり緩和できることが多いが、この役割のことである。

「応諾」は、多少ともいやなことでも一応受け入れながら聞く時、それを示すほほえみであり、「調整」は、相手とのやり取りに際して、互いに相手のいうことを理解し、同調していることを示す役割をもつ。「傾聴」もこれに似ているが、「自分はあなたのいうことをよく聞いていますよ、どうぞ続けてください」という意志を示している。

このようにいろいろな「社交上の笑い」は、意志をなごやかなムードの中で伝え、言葉の内容を友好的に修飾し、対人関係を円滑に運ぶ上で極めて重要な役割を果たしている。その結果として、当然心の安定をもたらし、心身の健康に対してプラスに働く。

第六章の看護士の日常勤務の中で、「社交上の笑い」が約三分間に約一回みられるというデータをあげたが、看護士の仕事の中でほほえみのもつ役割は大きい。入院患者はいろいろな不安を持ち、心の安らぎと自分の病状に対する十分な説明を強く求めている。この時に看護士が機械的に病気の処置を行うのでなく、患者の苦しみや不安に対するやさしい配慮、そのあらわれとしてのほほえみをもって接することにより、病状の回復は大きく左右されることは、医療関係者の等しく実感しているところであり、「社交上の笑い」の健康への貢献を示す一例である。

「緊張緩和の笑い」は、すでに述べたように人間の生存の上で重要な動作である。ずっと緊張し、交感神経優位の状態を続け、血圧が高く、脈拍が速くアドレナリンが分泌しつづける状態は身体に有害であり、現実には続けられない。

この緊張をゆるめて、副交感神経優位にもってくる方法として、「緊張緩和の笑い」は極めて優れた方法であり、対人関係で生じた緊張を解く方法として、日常しばしば用いられる。たとえば対立した意見で、場が緊張したとき、必ずしも意見の調整がつかなくても、「まあまあ……」とほほえむことにより、対立が解決の方向に導かれる結果となることも多い。

また思わず相手の気分を害することをいってしまって、相手がカッとなったときでもニッコリするだけでその場の緊張を解き、スムーズに会話を続けることができることもよく経験される。

笑いにより緊張をゆるめることは対人関係の上のみではない。敵機の爆撃を受けじっと建物の陰に潜んでいた兵士が敵機が去るとホッとしてニッコリするとか、入院中の重症の上司の見舞のための部屋からでて一人でほほえむなども笑いの力を借りてリラックスをして心身の安定をとりもどしている例である。

このようにみてくると、「緊張緩和の笑い」が心身の健康に重要なことがよくわかる。筆者は「快の笑い」「社交上の笑い」よりも、さらにこの笑いが健康維持の上に大切であると考えている。

III　笑いと免疫機能

身体内に外から入ってきた微生物や異物、または身体の内部で生じた不要物質、病的物質などは、主に免疫機能によって排除されて正常の機能が保たれており、その免疫機能が低下するといろいろな疾患にかかりやすくなる。この免疫機能が精神状態と密接にかかわっていることが洋の東西をとわず古くからいわれている。

本章の冒頭に記した旧約聖書の言葉も、わが国の「病は気から」という諺もこれを示している。また最近の米国の調査で、配偶者との死別などの強いストレスが、残った人の免疫力を低下させることが明らかになっているし、ＮＡＳＡの医療班が、宇宙飛行士二一人から採血して、リンパ球の数を測定してみると、地球へ帰還したわずか一日あとに著しいリンパ球の増加が観察され、それまでのストレス下ではリンパ球数が抑圧されていたことを示している。こうした免疫機構を心理的ストレスが低下させるという報告はその後続々となされ、たとえば配偶者を失った直後から六週間以上も細菌感染への免疫力がおちていること、別居や離婚後は肺炎や結核、さらに癌への罹患率がかなり高くなることが報告されている。

免疫機構には体液性免疫と細胞性免疫の二つがあり、体液性免疫は、血液の液体成分である免疫グロブリンによって主として行われ、一方、細胞性免疫は、リンパ球やマクロファージと呼ばれる細胞が主役となる。

この免疫を担うリンパ球の中に、ナチュラルキラー（Natural Killer）細胞、略してＮＫ細胞と呼ばれるやや大型の細胞の一群があり、リンパ球の数パーセントを占め、非特異的に腫瘍細胞を破壊して生体を守ることが知られている。このＮＫ細胞の数や活性は、精神状態と免疫機能との関連の研究に比較的よく用いられている。

たとえばキーコルト・グレイザーらは、大学生の定期試験中にはＮＫ細胞活性が低下することを示しているし、わが国の聖マリアンナ医科大学の発表では、ＮＫ細胞活性は学生の卒業試験中は一〇人の被験者全員で低下し、試験終了後八人は回復、残る二人は低下したままであったが、この二人はともに試験成績が悪く抑うつ状態にあった。またカラオケの好きな人は歌ったあとでＮＫ細胞活性は上昇するが、嫌いな人はかえって低下するとの発表もある。

柴田病院の伊丹仁朗は、ボランティア一九名を選び、大阪の吉本興業の演芸場「なんばグランド花月」で漫才、喜劇などを観てもらい、その前と後で、いろいろな免疫機能を調べたところ、一四例でＮＫ細胞活性が高まり、残りの五例は、もともと観劇以前よりＮＫ細胞活性が高い例であった。つまりＮＫ細胞活性で示される免疫機能が、比較的低い例では全員がその活性が高まったという結果になる。そしてこのＮＫ細胞活性上昇例の一部では、血液中のβ-エンドルフィンも上昇していた。

またＮＫ細胞活性の高まった一四例では、全員がその日の漫才や喜劇を面白いと感じていた。この実験にはいくつかの問題点はあるが、笑いや、楽しく感じることがかなり速効的にＮＫ細胞活性を高めることを示していて、極めて興味深いので筆者らも類似の実験を進めている。

体液性免疫の主役である免疫グロブリン（Immunoglobulin, 略してIg）には、IgG, IgA, IgM, IgEなどの種類があるが、精神状態との関連ではIgAについてのデータが多い。たとえば前述のグレイザーらの研究では唾液中のIgAは試験期間中には低いし、笑いに直接関係するものとしては、大学生一〇名に喜劇を三〇分みせた前後で測定すると観賞後にはこのIgAが有意に増加していたとする成績（ただし持続は数分）や、ユーモアを解する母親の母乳中にはIgAが多く分泌され、母子ともに感冒にかかる率が低いなどの事実が報告されている。

このように間接的な証拠ながら笑いが免疫能を高めるとのデータが報告されつつあり、旧約聖書以来の考えが少しずつ実証されているように思われる。

Ⅳ　笑いで悪性腫瘍はなおるか？

悪性腫瘍にかかったときに、それに対する心の持ち方でその進行や予後がかなり変わってくることは、すでにいくつかの信頼すべき研究により明らかになっている。

要約すれば、悪性腫瘍にかかっているとわかったときの抑うつ気分や、絶望的な状態から早く脱出し、一喜一憂せず、チャレンジングかつ積極的な気持ちで病気と人生に立ち向かうことにより、進行はかなり抑えられるということになる。このような心構えや生き方に精神療法やカウンセリングが有効なことも知られている。

この領域の研究は、広く精神腫瘍学（サイコオンコロジー）と呼ばれ、アメリカや日本で活発に研究され、一九八六年以来、国際会議が催されている。少し具体的なデータについて、この点を最近の吾郷晋浩、川村則行の著書を参考にして述べてみよう。

まず癌に対する心構えが、その進行に影響するという面での代表的な研究は、十数年をかけて早期乳癌の経過を追跡したイギリスの心理療法家スティーブン・グリアーやペティンゲールらのものである。彼らは乳癌の告知をされて三カ月たった患者六二人に面接し、その受け止め方を四つに分類した。なおどのグループの患者も単純乳房切除術と放射線療法を受けている。

グループAは、癌に打ち勝とうと前向きに対応し、情報を集め、治療に積極的に取り組んだ人々であり、図9-1に示すように一〇年をこえての生存率が最も高かった。グループBの患者は、病気を拒否し、癌であるはずがないと意志の告知を受け入れなかったが、この人々もグループAについで高い生存率があった。グループCは、静かに冷静に受け止め、自分には何もできないので医師にすべてをまかせるとした人々であり、グループDの患者は、絶望し、死への恐怖に終始さいなまれた。図に示すようにグループC、Dでは一〇年以上の生存率は低く、一五年でみるとグループAとBでは四五％の人が生存していたのにグループCとDでは一七％にすぎなかった。

この研究では心理療法は取り入れられていないが、次に積極的に心理療法を行った場合の悪性腫

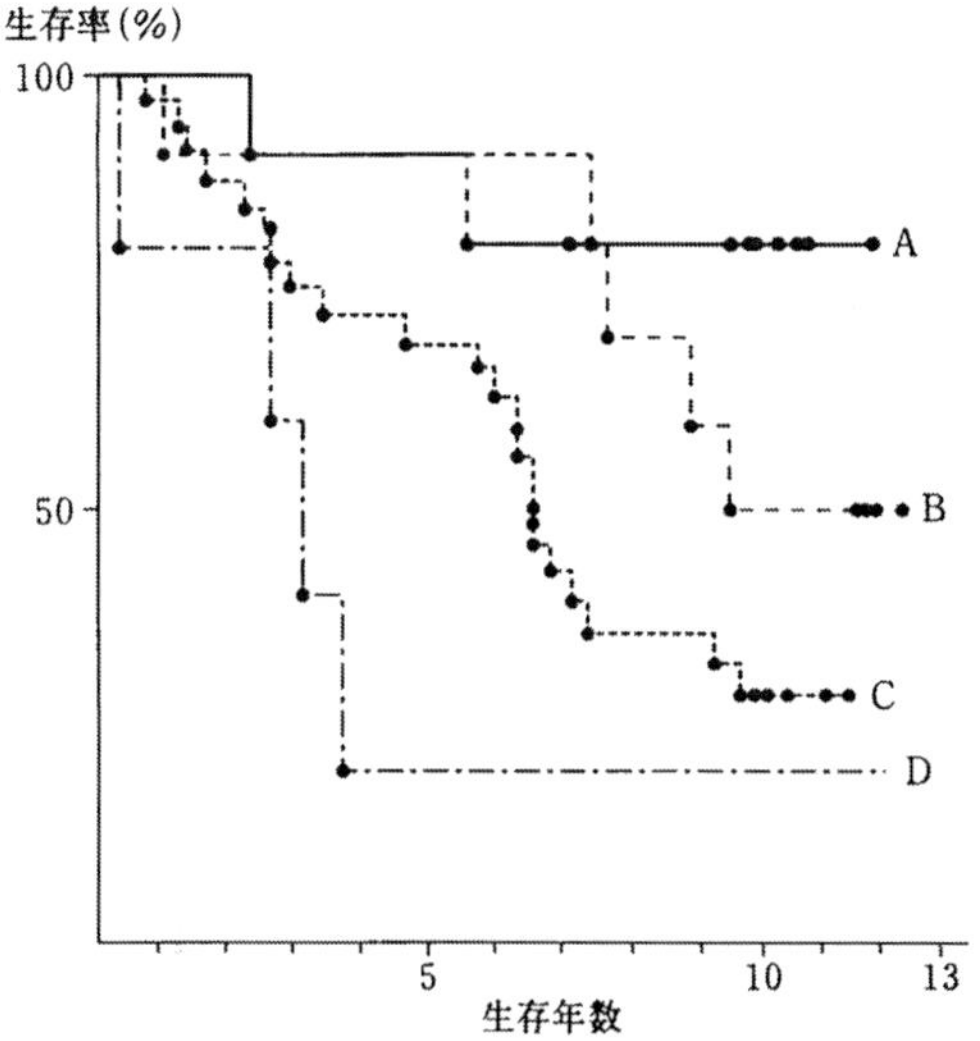

図 9-1　癌患者の心の状態と生存率（ペティンゲールら，1985，一部改変）
（吾郷晋浩・川村則行『がんは「気持ち」で治るのか』1994，三一書房）

瘍の進行についてみてみよう。

スタンフォード大学の精神科医デヴィッド・スピーゲルらのよく知られている乳癌の研究は、すでに転移のある予後不良と思われる患者に癌を告知したあと、一〇年にわたり生存率を追跡し、それに及ぼす心理療法の効果をみたものである。

患者を薬物など身体的な治療のみを行うグループAと、これに加えて毎週一回九〇分の心理療法を行うグループBに分け、グループBでは患者同志が自分のことを話し合い、お互いに助け合う場も用意した。一年後、グループBの患者は、グループAの人々と比べて、緊張、疲れ、混乱などの心理的な症状がなくなっていた。そして図9-2にみられるように一〇

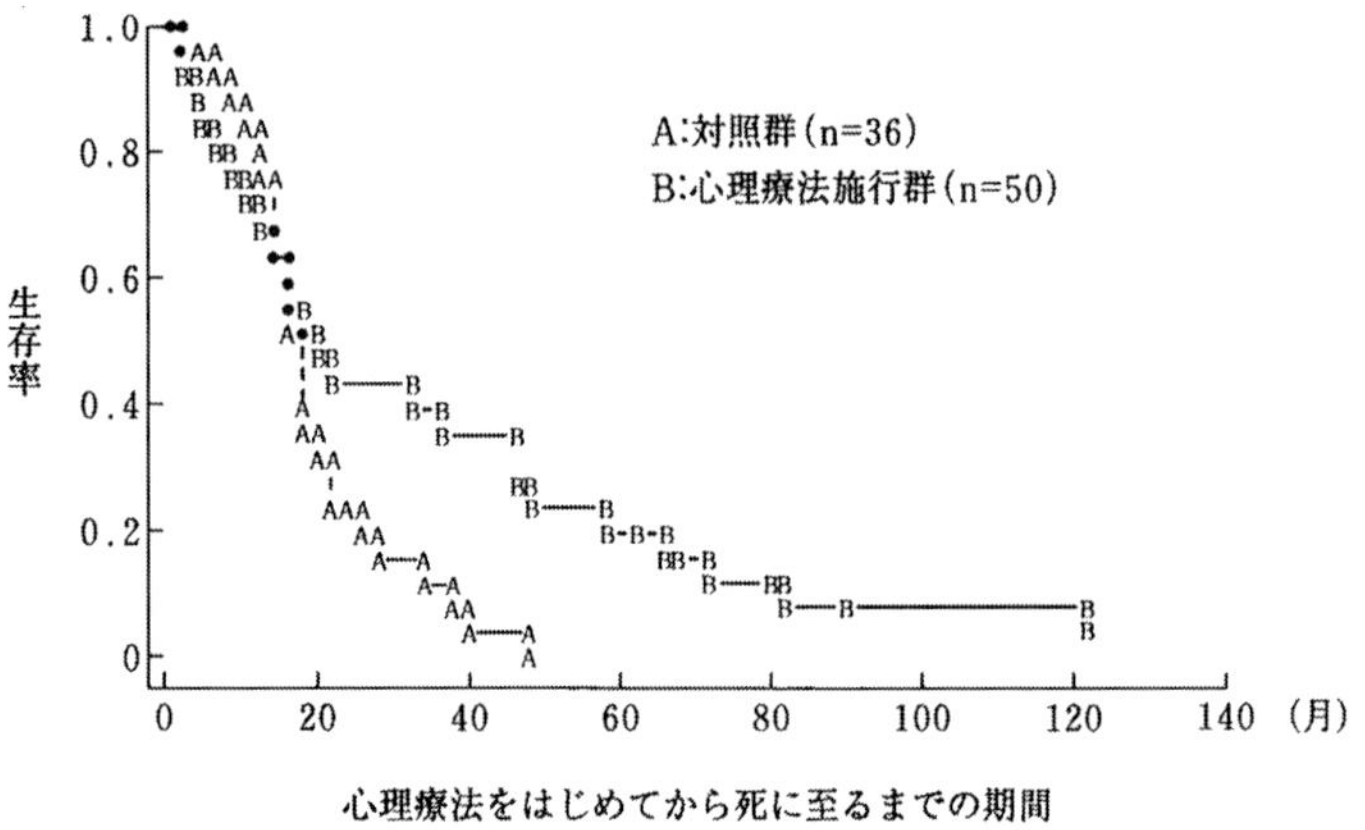

図9-2　10年間の生存率（スピーゲルら，1989，一部改変）
（吾郷晋浩・川村則行『がんは「気持ち」で治るのか』1994，三一書房）

年間の生存率は、心理療法を受けたグループBは二倍にのぼり、平均生存期間ではグループBで三六・六カ月に対し、身体療法のみのグループAでは一八・九カ月と約半分にすぎなかった。

こうした心理療法の延命効果について、スピーゲルらはグループBの患者では、長期にわたって深い交流を続け、お互いに話し合う中で病気への対処を相談し、不安、敵意、抑うつなど、癌の進行に有害な感情を排除し、助け合い、楽しい感情の共有など有益な心のもち方を学び実施したためであろうと考えている。

また行動療法の中心人物、ハンス・アイゼンクの研究でも、末期乳癌患者で何も治療しなかったグループの平均生存期間が一一・一八カ月、化学療法だけを受けたグループでは一四・〇八カ月であるのに対し、心理療法のみを受けたグループでも一四・〇二カ月、化学療法と心理療法を併用したグループでは二二・四〇カ月であり、心理療法の効果は明らかであった。

ここまでにあげた三つの研究は、笑いを直接利用したものではないが、ロサンゼルスのファウジー・ファウジーおよびナンシー・ファウジーらによる悪性黒色腫（皮膚の悪性腫瘍の一つ）の心理療法には笑いが直接組み込まれている。

ファウジーらは腫瘍の切除や薬の投与などの身体的な治療は、六八名の悪性黒色腫患者のうち約半数に心理療法をつけ加えて行い、残りの半数には行わないで病状の進行の経過をみた。心理療法は七―一〇名の患者を一グループとし、毎週九〇分間六週間続けて行った。

その内容は、病気の解説、心のもち方や、生活態度へのサポートの他、必ず大笑いをするようにした。すると、六週間で不安やうつ気分の改善、NK細胞の細胞数の増加や活性の上昇などの効果があった。そして五―六年後の再発率をみると、身体療法のみの場合は三四名中一三名が再発したが、心理療法を加えた群では七名と少なく、また五年生存率では心理療法を加えない群では七一％であるのに比べて、加えた群では九一％と有意に高かった。

このように笑いは、悪性腫瘍の予後をよくする力を持っているようである。この他アメリカのいくつかの病院では、看護婦が一日一回は患者を笑わせることを義務づけているし、病室に喜劇のみのチャンネルを設けたり、専門のコメディアンに来てもらって笑いを誘う芸をしてもらったりしている。

倉敷の柴田病院は、日本ではこの点で先駆者的であり、患者が身の回りの出来事を、楽しく笑い

表 9-1　癌にかかりやすいタイプの方に対する長期個人心理療法の効果
（アイゼンクら，1991，一部改変）

	対象者（人）	がんによる死亡 人 （%）	その他の死因 人 （%）	生存者 人（%）
対照グループ	50	23 （46.0）	15 （30.0）	17（34.0）
心理療法グループ	50	2 （4.0）	5 （10.0）	44（88）
計	100	25 （25.0）	20 （20.0）	61（61.0）

（吾郷晋浩・川村則行『がんは「気持ち」で治るのか』1994，三一書房）

を誘うように二分間にまとめてスピーチするような集まりを、二週間に一回行って効果をあげている。

ここまで述べてきたデータは、すでに悪性腫瘍にかかった人の治療に心理療法や笑いがどのようにかかわるかについてであった。

アイゼングらはさらにすすんで、癌にかかっていない健康な人々の中で、彼らのいうタイプⅠに属する性格の人を、年齢や性を考慮した上で一〇〇人選び出し、その半数に延べ三〇時間の癌に対する心理療法を行い、一三年後の生存率、癌による死亡率を調べたところ表9-1に示したように、明らかに心理療法を受けた人の方が成績がよかった。このことは心理療法が癌の予防にも関与することを示している。

そしてその心理療法の中で有効なのは、自分の周囲ストレッサー（ストレスを与える要因）に早く気づき、自分の受け取り方、対処の仕方を変えていくことにあるようである。

このようにみてくると悪性腫瘍にならないためにも、また、かかったあとの経過にも心理状態が大切であることがわかる。そして笑いは、その中のいろいろな場面で重要な役割を演じている。

なお笑いと健康、笑いと疾病治癒の関係については筆者の『「笑い」の治癒力』(PHP研究所)も参照されたい。

V　笑いとターミナルケア

大阪大学人間科学部の柏木哲夫氏は筆者の長年の友人であり、ホスピスでのターミナルケアに笑いを取り入れた先駆者である。同氏はユーモアは人の恐怖心や不安を和らげ、それゆえにターミナルケアにおいて大切であると説いている。

同氏が多くの人を看取った経験からいって、ユーモアのセンスをもっている患者の方が死に対する怖れや不安が少なく、家族にも同じことがいえる。スタッフについてもユーモアのセンスのある人の方が余裕をもってターミナルケアに従事できるし、長続きもするようである。

また自ら乳癌患者であったアメリカの看護教育者のラクストン氏は、自分の闘病生活を振り返って、つらかったとき自分を保つものをさがしてユーモア療法に行き着いた。彼女の経験でも、周囲の患者をみてもユーモアは病気のための困難な状況を戦う有力な武器であったとのことである。

柏木氏の著書『死を学ぶ』から一例を引用する。

五七歳の肺癌のMという女性がどのように治療しても咳が止まらなかった。

ある日の回診のとき、「いかがですか」というわたし(柏木氏)の言葉に対して、「先生、今日もキツネの運動会です」とその患者は答えた。私はすぐにわかって「そうですか。まだコンコン続きますか」といった。Mさんは「そうなんです。もう朝からコンコンうるさくて……。先生、この咳、何とかなりませんか」といった。私は「そうですね。小錦にでも来てもらいましょうか」と答えた。Mさんにはすぐに通じて、「やはりプロの関取でないと、この咳取りは無理ですか」と答えた。小錦→関取→咳取りという連想を共有することが出来て、Mさんと私の間には何かとても温かいコミュニケーションが成立したように感じた。

こうしたやりとりが末期癌の人の恐怖や不安を和らげ、本人も家族もやすらかに死を迎えるのに役立つと柏木氏はいっており筆者もそのように思っている。

文　献

・ノーマン・カズンズ著、松田銑訳『笑いと治癒力』、『生への意欲』岩波書店、一九九六年
・吉野槙一ほか「関節リウマチ患者に対する笑いの影響」『心身医学』36、五六〇―五六四頁、一九九六年。
・P・エクマン著、工藤　力編訳『暴かれる嘘』誠信書房、一九九二年。
・伊丹仁朗、昇　幹夫、手島秀毅「笑いと免疫能」『心身医学』34、五六六―五七一頁、一九九四年。
・吾郷晋浩監修、川村則行編著『がんは「気持ち」で治るのか!?――精神神経免疫学の挑戦――』三一書房、一九九四年。
・K.W.Pettingale, T.Morris, S.Greer: Mental attitudes to cancer: An additional prognostic factor,Lancet,1

(8341),750, 1985.
・D.Spiegel, JR.Bloom, HC.Kraemer, E.Gottheil: Effect of psychosocial treatment on survival of patients with matastatic breast cancer,Lancet,2 (8668) pp.888-891, 1989.
・HJ.Eysenck, R.Grossarth-Maticek: Creative novation behavior treatment for cancer and coronary heart disease,Behavior Research Therapy,29, pp.17-21, 1991.
・柏木哲夫『死を学ぶ――最後の日々を輝いて――』有斐閣、一九九五年。
・志水　彰『「笑い」の治癒力』ＰＨＰ研究所、一九九八年。

第一〇章　笑いと文化

笑いは何よりもまず矯正である。屈辱を与えるように出来ている笑いは、笑いの的となる人間につらい思いをさせねばならぬ。社会は笑いによって人が社会に対して振舞った自由行動に復讐するのだ。

――ベルグソン――

笑いは他の表情と同じように、幸せ、喜び、怒り、嫌悪など自分の心の中に生じた情動の表出であるとともに、意志の表出でもある。そしてこの情動や意志を表出することによって、コミュニケーションの役割を果たす。つまり社会へのメッセージの役割をもつ。したがって笑いは、社会、文化によって大きく支配されるのは当然である。これについては類書も多いので、ここでは筆者の理解しているところを並列的に記すことにする。

Ⅰ　笑顔の共通性

笑顔は万国共通であるとよくいわれる。まずこれについて考えてみよう。

表情がさまざまな文化を越えて、人類に共通であるかについてどうかはダーウィン以来多くの研究がある。ポール・エクマンらアメリカの心理学者は、幸福、嫌悪、驚き、悲しみ、怒り、恐れの、人間の六つの基本的な情動について、それぞれの情動をあらわしているアメリカ人の表情の写真を、いろいろな文化圏の人々にみせ、その写真の示す情動をあててもらった。

異なる文化圏として、アメリカのほか、ブラジル、チリ、アルゼンチン、日本が選ばれた。その結果は図10−1の通りである。

図の第一段の笑顔の写真は幸福をあらわすが、写真をみて「幸福」と正しく答えた率が文化圏別に記されている。これでみると、写真のモデルの人物と同じ国の人であるアメリカ人はもちろん、他の文化圏の人々も笑顔を正しく認識して、幸福をあらわすものと正しく答える率が九五—一〇〇%と極めて高かった。

日本人でみると、判定者はアメリカ人の写真であるにかかわらず全員正しく回答している。嫌悪、驚きなど他の感情をあらわす表情も九〇%前後と比較的高い正答率であるが、笑顔には及ばなかった。一方これに反して、悲しみや恐れをあらわす表情は五〇—六〇%の正答率のこともあった。

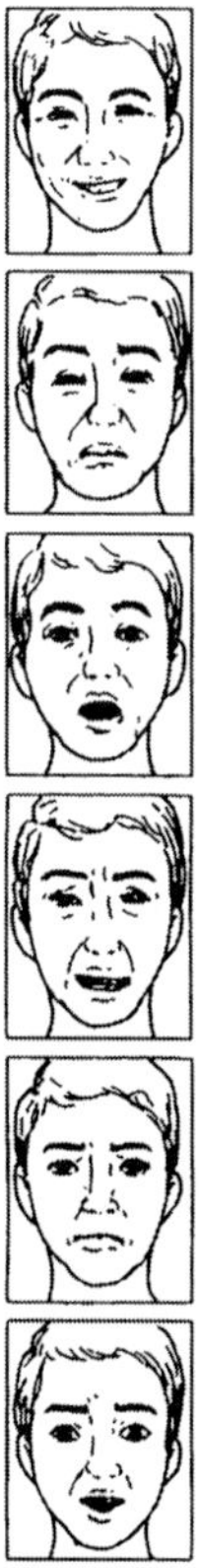

	アメリカ	ブラジル	チリ	アルゼンチン	日本
幸福	97%	95%	95%	98%	100%
嫌悪	92%	97%	92%	92%	90%
驚き	95%	87%	93%	95%	100%
悲しみ	84%	59%	88%	78%	62%
怒り	67%	90%	94%	90%	90%
恐怖	85%	67%	68%	54%	66%

図 10-1　表情の比較文化研究（エクマン，1973）
（志水・角辻・中村『人はなぜ笑うのか』1994，講談社）

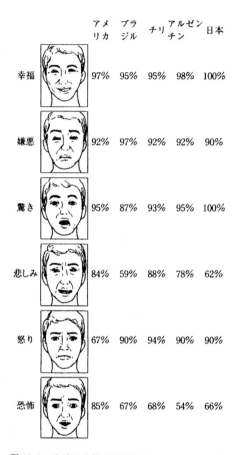

笑顔が文化圏を問わず、ほぼ一〇〇%笑顔として認識されるということの結果は、他の研究とも一致している。また判断に要する時間も、笑顔が最も短く、判断に必要な写真の大きさも最も小さくてすんだ。この結果は笑顔が最も短時間で、最も正確に判断できる表情であることをあらわしており、笑いのもつコミュニケーションの道具としての役割の重要性と普遍性を示している。

なお、このエクマンの成績は、基本的な情動についてであるので正答率はかなり高いが、もっと複雑な感情を示す表情、たとえば困惑、恥ずかしさ、罪悪感などの表情については、文化圏による差が大きく、たとえば日本人の困惑や恥ずかしさの表情はアメリカ人には判定が困難といったデータもある。

さてここまで笑顔の判定について述べてきたが、文化圏に関係なく笑顔を笑顔として正しく判断できるからといって、その笑いのもつ意味が文化により同じであるということにはならない。同じ文化の中でも、笑いにはさまざまなものがあることを第三章に述べたが、文化を異にすると状況はますます複雑になる。次にそれについて述べる。

II　笑いの文化差

1　ジャパニーズ・スマイル

西欧の人々から「ジャパニーズ・スマイル」と呼ばれている日本人のほほえみは外国人を戸惑わせ

てきた。現代の日本人には、ジャパニーズ・スマイルは外国の人々に「何を考えているのかわからない不可解な笑い」と捉えられているとして、評判が悪いが、これを初めてラフカディオ・ハーンが、「日本人の微笑」(一八九三年)というエッセイで伝えたときには、むしろ美徳としてほめたたえられている。

ハーンのあげている例を二つ取り上げてみよう。

一つは、横浜在住の外国婦人が雇っている日本人家政婦が、夫が死んだので葬式に行かせてほしいと頼みにきたときにも、さらに骨壺をみせにきたときにも笑顔を浮かべていたという例であり、今一つは、同じ横浜在住の外国人が馬に乗って外出した際、不用意にぶつかってきた日本人の車夫を鞭で殴ったところ、その車夫がニッコリしたという例である。

参考のため家政婦が骨つぼをみせたときのハーンの記述を『日本督見記録・下』(恒文社)から引用する。

その笑いたるや、自己放棄の極点までいった、じつに慇懃なものなのである。つまりそれは、こういう意味なのだ――「あなたさまは、このことをとんだ不仕合せと思召すか存じませんが、どうかこんなつまらぬことにお心を煩わさないでいただきます。一応お耳に入れておかなければと存じまして、失礼をもかえりみずにこんなことを申し上げて、ほんとうに相すみませんでした。どうかお気に障られませんように」

これらの笑いは外国人には理解できず、不気味に写ったが、ハーンは家政婦の場合には自分に起こった悲しいできごとで主人を悲しませないための心遣いであり、車夫の場合にはどのように自分が苦しみや恥辱を受けても、ほほえみを浮かべて相手を傷つけないで耐えているのだと説明し、このような笑いはお辞儀や手をついてあいさつするのと同じように長い間に日本の社会で発達してきた文化的取り決めだと考えている。

一方、このハーンの解釈に民俗学者の柳田国男は批判的で、こうした表情は日本人の内面からわき起こる自然な感情の表出で文化に規定されたものではないと考えている。

ジャパニーズ・スマイルが生まれつきのものか、生活の歴史の上で形成された文化的ルールを反映したものかについて考察し、文化によるものであろうとする宇都宮大学の心理学者・中村真の考えが興味深いので以下にそれを中心に述べる。

前節に述べたように、エクマンのいう六つの基本的情動（幸福、嫌悪、驚き、悲しみ、怒り、恐れ）をあらわす表情は、文化差はあっても人間に比較的共通のものである。

つまり幸福の感情はほほえみとして、怒りの感情は眉をつりあげ、歯を食いしばる表情としてあらわれる。すでに述べたように笑いは文化をこえて、最も共通した表情であるが、他の五つの情動もかなりの共通性をもっている。

しかしわれわれは、いつも感じたことをそのまま表情にあらわしているとは限らない。嫌なことをいわれてもほほえみ、権力者の失敗は笑わない。つまり表情は内面から起こる感情に従うだけではなく、時と場合に応じた表出についてのルールに従っている。このルールは表示規則と呼ばれており、人間の成長の過程で身につくものであり、当然文化によって影響される。

ここで二つの心理学の実験の結果をみてみよう。

第一は、最近エクマンとフリーセンが日米の大学生を被験者として行った実験である。まず被験者は一人で部屋にいて、アフリカのある部族の割礼の儀式の場面の映画をみせられる。ほとんどの被験者がこの場面に嫌悪感を感じたと述べている。この時の被験者の表情はビデオにおさめられており、日米の学生はともに嫌悪の表情を示していた。

その後、被験者の学生は面接を受け、映画の感想を求められた。ここでアメリカ人大学生は、面接者に対しても映画をみているときと同様の嫌悪の表情を浮かべて感想を述べた。

一方日本人の大学生は、嫌悪感を報告しているにもかかわらずほほえみを絶やさなかった。この結果は、日本人学生は面接者となった自分の上司である教官に不快感を与えないような「社交上の笑い」を浮かべつつ映画の感想を述べ、アメリカ人の学生はそうした配慮をしなかった結果であると解釈されている。つまり日本人は相手に対する心遣いによりほほえんでいるのである。

第二は中村真の実験である。

日本とアメリカの大学生に、上に述べたエクマンの六つの基本的情動について、「公的な場面と私的な場面で、本当の感情をどの程度表情に表すか」について七段階で答えてもらった結果が図10−2である。

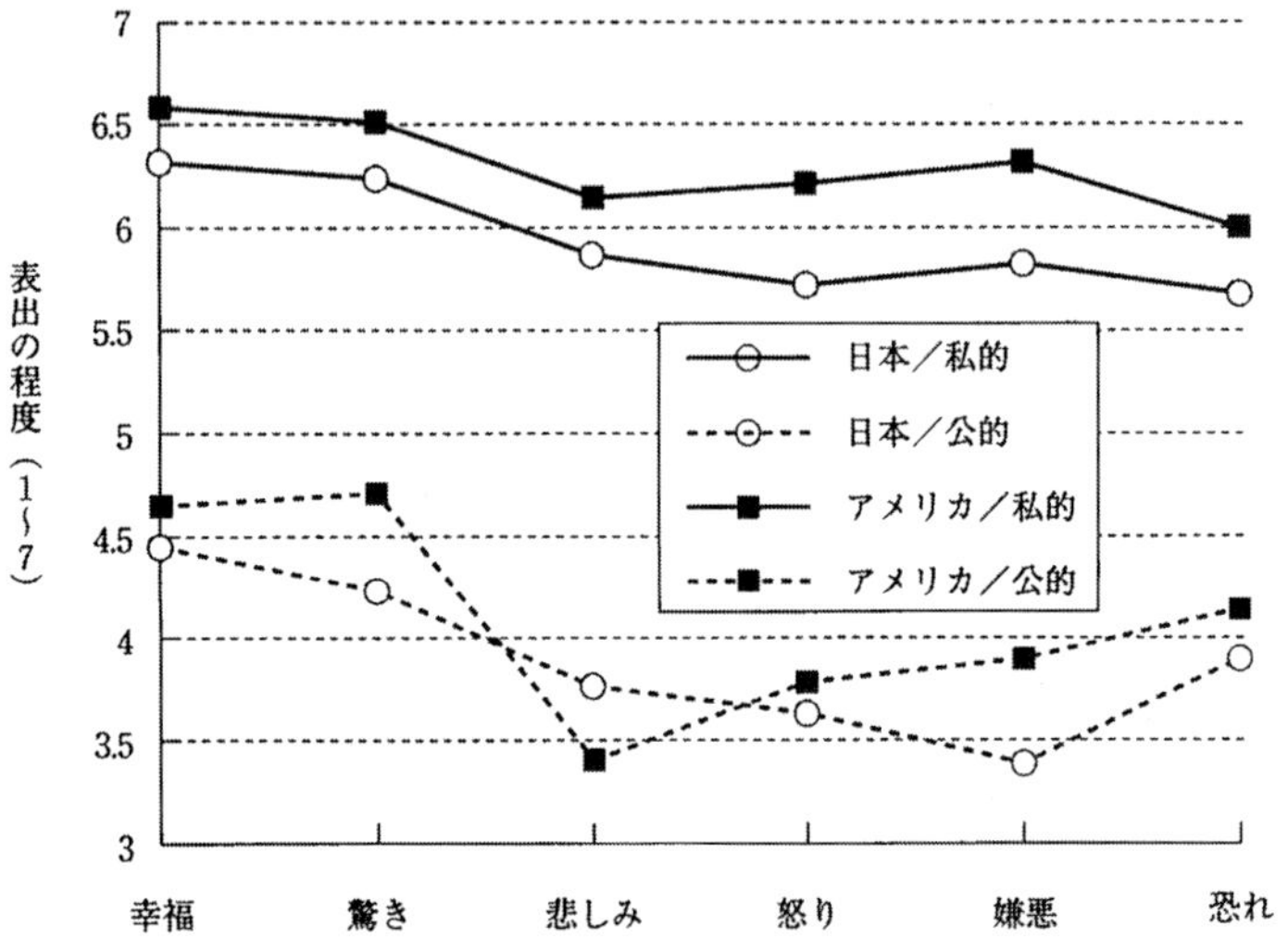

図 10-2　私的場面と公的場面でどれくらい感情をあらわすか（中村，1991）
（志水・角辻・中村『人はなぜ笑うのか』1994，講談社）

結果は図の点線で示すように、私的な場面では総じてアメリカ人が感情を表情に出す程度が高く、アメリカ人は表情が豊かだというわれわれのイメージと一致していた。

次に状況によって表情の出しやすさがどのように変わるかをみると、特に公的状況において、感情による表出の程度に日米差がみられた（図10―2、点線）。

アメリカ人が最も表情に出さないと答えているのは悲しみで、ついで怒り、嫌悪、恐れと続く。一方、日本人は、嫌悪が最も表出しにくく、怒り、悲しみ、恐れの順である。つまり、アメリカ人には悲しみが、日本人には嫌悪が最も表出しにくい感情ということになる。

このようにみてくると、日本人が嫌悪など否定的感情を表出してはいけないという文化的規制をもっていることがわかる。そしてこの嫌悪の表情を隠すためにほほえむのではないだろうか。

この嫌悪を隠すために、ほほえむことについては第五章で述べたような生理学的理由が考えられる。つまり嫌悪を表出する表情筋と、ほほえみを作る表情筋とがほぼ反対の方向に働くからである。嫌悪の表情が自然に出そうになるとき、これを表情筋を動かさないことで隠すのは難しいが、反対の働きを持つ筋肉を動かしながらほほえんでそれをごまかす方が容易であると考えられる。

こうして嫌悪など、否定的な感情を出すことを文化的に規制されている日本人が、そうした場面でニヤニヤすることになるのであろう。こうみてくると、ジャパニーズ・スマイルはやはり文化に規制されている点が多い。

もう一つ、ジャパニーズ・スマイルのみられることの多いのは、言葉などの関係で何かよく事情のわからないときに、とりあえずほほえむという場合である。これはやはり何も答えないことによって相手に不快感や当惑を起こすのを避け、「相手を不快に思っていませんよ」というメッセージを送っているのであろう。

2　笑いの地域差

笑いの地域差については、文化人類学者・野村雅一の論文を参照しながら記すことにする。

アラスカ・エスキモーを調査した放送大学の祖父江孝男によると、スマイリング・ピープルと呼ばれるこれらの人々は、一人になることができないほどいつも同氏に付添い、ほとんど四六時中ニコニコとはにかんだような笑いを浮かべていたとのことであるし、一九六三年に北極圏で取材した本多勝一はもっと伝統的な生活をいとなむカナダ・エスキモーの人々は初対面のあいさつで声をだして笑い続けたと報告している。

アメリカで路上観察をして、人々とのほほえみのデータ収集をした文化人類学者バードウィステルは、合衆国内ですら地域ごとにほほえみの頻度が異なることを見出している。最も頻度の高いのはジョージア州のアトランタ、メンフィス、ナッシュヴィルなどであり、ニューヨーク州西部ではるかにその頻度が低かった。

アトランタでは、若い女性が見知らぬ人にほほえむのは問題にならないのに、ニューヨーク州バッファローでは社会的に許されない場合が多く、社会的コンテクストを反映していると解釈されている。

また中央部のオハイオ、インディアナ、イリノイの中産階級の人々は東部のマサセチューセッツ、ニューハンプシャー、メインなどの同じ階級の人々よりほほえみの頻度が高かった。

その他にもいくつかの研究があるが、笑いの頻度が文化により異なることは明らかである。たとえばバリ島のある部落の観察では、儀式の中で他の文化圏では当然怒ると思える場面で笑っていることがみられている。これらは本来の感情をそのまま表情に出すことを禁じる文化的規制によるものである。

3　日本人の笑い

関西大学の井上宏は、日本人の笑いの熱心な研究者である。同氏は社会の構造を大きくタテ型の社会とヨコ型の社会に分ける。タテ型は身分や階級、年功序列や学歴序列など何らかの権威につながるタテ軸が社会の骨格を形成し、ヨコ型は個人性が強く、権威の序列を持たず個人同志が結ぶヨコ軸が中心である。

タテ型社会では一般に笑いは抑圧される。それは笑いのもつ「価値無化」の作用によりタテ型社会を支える権威が「笑いとばされて」その力を失うからである。日本の封建時代のサムライ型社会では「三年に一度、片頬で笑う」といわれたように笑いを禁じることで秩序の維持の一助としたし、軍隊でも笑いは禁物であった。現在でも宗教の儀式のように秩序を重んじる場では笑うことはできない。

一方ヨコ型社会では、社会的秩序にかわって個人間の友好関係が大切なため、当然「社交上の笑い」を中心に笑いが多用される。商人の社会などはその典型である。

どんな社会でもこのタテ型とヨコ型が入り混ざっているが、時代により地域によりその割合はさまざまで、これがある程度笑いを規定している。

時代による変化の例をあげれば、日本では政治家の選挙ポスターではずっと厳しい表情の顔が重んじられ、笑顔が掲げられるようになったのは佐藤栄作元首相の頃からであるとのことである。

現在の地域でいえば、大阪の方が東京よりヨコ型社会の割合が大きい。歴史的に東京は江戸時代の武士社会のタテの関係の残る部分が多いが、大阪は商人の町として発達したところであり、商人の社会では金を持って客になる人を大切にし、利益をあげることが生活の基盤であり、名誉や権威は重要な関心事ではない。このため商人社会では経済的関係を横に広げようとすることが盛んで、このために笑いが好んで利用されてきたがこれが現代の笑いのあり方にも影響を残していると述べている。

日本での笑いの性差については研究は少ない。そのうちの一つである中村真の報告によると、笑いを含む表情の作り方は女性が男性よりすぐれており、しかも女性では自分一人のときより他人が目の前にいるときの方がさらにほほえみのポーズの作り方が上手であった。

一方男性では他人がいることは影響を与えなかった。またその自分の作った笑いの表情を自己評価してもらうと、女性は笑い表情を巧みにあらわしているにもかかわらず、自分がうまく作れたと思わない人が多かった。要約すれば女性は男性より笑顔の表出が巧みであり、対人関係の場ではさらに巧みであるにかかわらず、それに満足していないという結果になっている。

中村はこうした性差は、日本では女性が社会的弱者であることを反映したものと考えている。女性は自分を上司など他の人がどのように評価しているかに男性より敏感にならざるをえず、また適当にほほえみを浮かべて序列の確認をしなければならないからである。

4　日本の笑いの儀式

笑いを中心とした行事が日本には古くから伝わっている。それぞれ地域の文化として大きな意味をもっているので主なものについて順次紹介する。

（1）　山口県防府市では、一二月初めの月曜日に地区の戸主が集まって、意識的に「ハッハッハッ」と大笑いの動作を行うが、これはこの一年の豊作を感謝し、来年の豊作を願い、そして最後に今年の苦労を忘れるために儀式である。

（2）　名古屋の熱田神宮では、旧暦五月四日に酔笑人（エヨウド）神事が行われる。俗に熱田オホホ祭ともいう。辛櫃から出した神面をもち、下座の二人が扇で面を叩いて笑う。他の人も左右に向き合って同じことをし、最後に一人を中心にして三度笑う。神宮の由来記によると、かつてご身体である草薙の神剣が盗難にあい一八年後に還座された。これに人々は狂喜して大笑いしたが、その故事を今に伝える行事であるとのことである。

（3）　和歌山県川辺町の丹生神社では、毎年一〇月一〇日に「笑い祭り」がある。かつて丹生津媛命が神の集合時刻に遅れ、おまけに木の枝に服を取られ、裸になってしまったのを笑われたのを悲しんで、神殿にこもってしまったので、これを慰めるために始められたとのことであり、まず天狗と鬼が向き合って高笑いをしたあと、御輿をくり出し、「ヨハラクジャ、イエラクジャ、ワラエ、ワラエ」という鈴振りの音頭とりで数回高笑いを繰り返す。

（4）　兵庫県養父町の日枝神社では、「泣き祭・笑い祭」があり、旧暦九月九日に松明、別当寺住職、神主、当番、氏子、小示司、甘酒つぼ、供物の順で泣きながら神社へ行き、供え物をして読経し、甘酒を飲んだあと、参加者同士や通行人を加えて笑いあう祭である。

（5）　三重県尾鷲市の「オコゼの行事」はかつて盛大に行われた。その頃には神酒をいただいたあと懐中にオコゼ（魚）を入れた祭りの当番が真中に座り、氏子が「オコゼをみせて下され」、当番が「いやいや見せ申すまい、皆の衆がお笑いなさるであろうゆゑに」、氏子が「笑いますまい、一目でよいから見せて下され」。そこで少しオコゼの頭を見せると一同がハハハと笑う。このやりとりを三回行い、そのうちに儀式としてでなく皆で自然に笑ってしまうという行事である。

この他にもドンド笑い、オンベ笑いなどの名で他にも笑い行事は現在も行われている。

民俗学者の井之口章次によるとこれらの多様な笑い行事の意味は、もてなしを受けた神の喜びを表現するもの、「泣き笑い祭り」など死と再生・復活を示すもの、ドンド笑いなど遠来の神と土地の精霊とが争いそのあと仲直りに際して笑う場合などがある。この場合争いを強調すると悪口祭り、喧嘩祭などになり、仲直りを中心にすると笑い祭りとなるようである。

文　献

・志水　彰、角辻　豊、中村　真『人はなぜ笑うのか』講談社ブルーバックス、一九九四年。

・野村雅一「変容する笑いの文化」『言語』23、二八―三三頁、大修館書店、一九九四年。
・井上　宏『笑いの人間関係』講談社、一九八四年。
・井之口章次「日本の笑い行事」『言語』23、三四―三五頁、大修館書店、一九九四年。

著者略歴

1934年　兵庫県生まれ
1958年　大阪大学医学部卒業
1963年　大阪大学医学部大学院修了、医学博士
大阪大学医学部精神医学教室助教授、大阪外国語大学教授を経て
現　在　関西福祉科学大学学長
著　書　『人はなぜ笑うのか』(共著、講談社、1994年)
　　　　『私の精神鑑定集』(大阪外国語大学学術研究双書、1992年)
　　　　『笑いの治癒力』(PHP 研究所、1998年)
　　　　『精神医学への招待』(共著、南山堂、1999年) など

笑い／その異常と正常

2000年6月10日　第1版第1刷発行
2005年9月25日　第1版第2刷発行

著者　志《し》水《みず》　彰《あきら》

発行者　井村寿人

発行所　株式会社　勁《けい》草《そう》書房

112-0005　東京都文京区水道2-1-1　振替　00150-2-175253
編集（電話）03-3815-5277／FAX 03-3814-6968
営業（電話）03-3814-6861／FAX 03-3814-6854
港北出版印刷・青木製本

笑い／その異常と正常

2016年6月1日　オンデマンド版発行

著者　志水　彰

発行者　井村寿人

発行所　株式会社　勁《けい》草《そう》書房

112-0005 東京都文京区水道 2-1-1　振替　00150-2-175253
（編集）電話 03-3815-5277／FAX 03-3814-6968
（営業）電話 03-3814-6861／FAX 03-3814-6854

印刷・製本　（株）デジタルパブリッシングサービス http://www.d-pub.co.jp

AJ733

ISBN978-4-326-98255-4　Printed in Japan